Découvrir
les vraies richesses

Pierre Pradervand

Découvrir les vraies richesses

Pistes pour vivre plus simplement

Préface de René Longet

EDITIONS JOUVENCE
5, ch. des Fraisiers - 1212 Grand-Lancy/Genève, Suisse

Déjà paru aux Editions Jouvence
(Extraits du catalogue)

Collection Air de Jouvence
Des pensées pour grandir, Rosette Poletti et Barbara Dobbs
Les pensées du cœur, Louise L. Hay
Vivre sa paix intérieure, Baba Hari Dass
Vivre son deuil et croître, Rosette Poletti et Barbara Dobbs

Collection Eau de Jouvence
Apprivoiser la tendresse, Jacques Salomé
Ces gestes qui séduisent, Maxence Brulard
La santé par le nez, Ludmilla de Bardo
Le magnétisme pranique, Maître Choa Kok Su
Les mémoires de l'oubli, Jacques Salomé et Sylvie Galland
Manuel du guérisseur, Georgina Regan et Debbie Shapiro
Sexualité épanouie, Dr Raymond Abrezol
Stimulez votre énergie vitale, Mantak Chia
Transformez votre stress en vitalité, Mantak Chia
Visualisation de guérison, Dr Gerald Epstein

Collection Feu de Jouvence
Au-delà du cœur, Florent Mariotto
Rencontres avec des gens extraordinaires, Arlette Mazliah

Collection Terre de Jouvence
Alimentation et équilibre de vie, Martine Catani
Alimentation et performances sportives, Martine Catani et Martine Costedoat
L'équilibre acido-basique, Christopher Vasey
Les cinq piliers de la santé, Drs Ph.-G. Besson, A. Bondil, A. Dejean et Ph. Keros
Les cures des quatre saisons, Régine Durbec
Les enzymes-santé, Drs Sven Neu et K. Ransberger
Manuel de détoxication, Christopher Vasey
Méthode Kousmine, l'Association médicale Kousmine

CATALOGUE GRATUIT SUR DEMANDE

Ouvrage composé en Adobe Garamond 12/13
Couverture: graphisme Angel Scaburri, illustration Pix
Maquette, composition & mise en pages: Hans Weidmann

ISBN 2-88353-099-8

Je dédie ce livre à la doctoresse Suzanne Képès
et à René Blind qui, depuis tant d'années,
m'encouragent sur ma route.
Leur amitié constitue un des dons les
plus précieux que la vie m'ait accordé.

Sommaire

Préface

La crise que traversent nos sociétés est pleine de dangers, porte en elle le risque du repli sur soi, du désespoir et du retour de vieux démons. Elle peut déboucher sur la balkanisation de la planète, sur le règne des hors-la-loi. Mais nombreux sont aussi ceux qui, du simple citoyen au ministre, s'engagent pour que la gestion de la Terre soit possible, pour créer les instruments d'action nécessaires, pour agir sur le front des mentalités et des habitudes, pour orienter le savoir-faire technique de notre temps vers nos vrais besoins. Car cette Terre nous donne tout ce qu'il faut pour vivre, elle est belle, elle est exceptionnelle. Il suffirait de savoir la mettre en valeur.

Nous avons bien créé la civilisation la plus matérialiste qui ait jamais existé. Mais cela n'a nullement résolu nos problèmes. Entre pléthore et pénurie, l'économie n'a pas trouvé la juste mesure des besoins des hommes. Dans nos pays, l'activité économique ne crée plus d'emplois, mais les mange à mesure. Oui, il nous faut inventer du neuf, qui tienne la route face à la Terre, qui assure l'accès de tous aux ressources, qui préserve l'espace de liberté et de création des générations à venir, qui permette à toutes les espèces de la Création d'exister.

Il nous faut un développement différent. Qui fasse coïncider efficacité économique, limites environnementales, répartition équitable. Qui réponde à la seule question qui vaille: celle du sens. Qui cherche la voie du milieu, entre le Nord et le Sud, prenne le meilleur des deux parties du monde, s'articule autour d'un mode de vie plus solidaire, plus convivial, moins matérialiste.

Qui mette fin à l'emballement du temps, du temps individuel comme du temps collectif.

Qui considère que nos créations, comme l'économie, la science, la technique, sont là pour nous servir et non le contraire.

Qui sache gérer les sols, l'eau, les ressources de la Terre de manière durable.

Pierre Pradervand inscrit son livre à cet exact interface entre l'individuel et le collectif, entre ce qui est bon pour nous, qui nous libérerait du poids de l'inutile, de la dispersion, et de ce que l'avenir de la planète exige: la lutte contre le gâchis, le trop-plein d'objets inutiles, contre la fuite en avant, et pour la maîtrise de ce que nous voulons. Chaque individu est appelé à se poser la question fondamentale: que fais-je, jour après jour, de ce don qui est ma vie? Suis-je moi-même? Les concessions que je fais sont-elles acceptables? Comment retrouver le chemin de moi-même, d'une relation plus juste au monde, aux autres, d'un équilibre effectif?

Sur les pages qui vont suivre, Pradervand l'enseignant, le coopérant, l'acteur de terrain, met magnifiquement en phase ces deux faces de l'action: l'individuel et le collectif, le personnel et le social.

Mais aussi, les deux temps indispensables que sont: l'information, la formation, la réflexion, l'introspection, la maturation – le travail de l'esprit – et le travail sur la matière, la concrétisation de ce qu'on a reconnu comme juste. L'un sans l'autre serait vain, conduirait à de graves impasses.

Ainsi, ce livre associe constamment la perspective d'ensemble et la réflexion personnelle d'une part, la mise en pratique, d'autre part, source de joie car libération, solidarité vécue, anticipation ici et maintenant de ce qu'on voudrait pour tous et dès lors témoignage non seulement vivant mais profondément crédible. Manuel de bonne vie, livre de la mutation nécessaire, merci Pierre Pradervand de l'avoir écrit.

RENÉ LONGET

Directeur romand de la
Société suisse pour la protection de l'environnement

René Longet est notamment l'auteur de « Le travail n'a de sens que s'il est partagé ». Editions Jouvence, 1994.

Introduction

Une histoire zen raconte le cas d'un professeur d'université venu visiter Nan-In, un maître du zen à l'époque des empereurs Meiji. Le visiteur s'assied en face du maître qui lui verse du thé. La tasse se remplit, et Nan-In continue à verser. Elle commence à déborder. Imperturbable, le maître continue à verser le thé. Au bout d'un bref instant, le professeur s'écrie: «Mais vous voyez bien que la tasse est pleine. Plus rien ne veut rentrer.» – «Vous aussi, vous êtes comme cette tasse, répond Nan-In. Comment voulez-vous que je vous explique le zen si vous ne videz pas d'abord votre tasse de thé.»

Le scientifique français Albert Jacquard a écrit: «L'intelligence, c'est s'interroger. La vraie réponse, c'est celle qui oblige celui à qui on répond à inventer lui-même la vraie, la bonne réponse.»

Depuis plus de dix ans, je me promène à travers le monde avec mon outil pédagogique préféré, un tabouret de vacher à une jambe dont se servent les pâtres des Alpes suisses pour traire le bétail (et que j'ai nommé Ernst/Ernest en allemand). Il illustre à merveille la valeur des questions, sans doute notre principal outil intellectuel. En effet, une réponse toute faite est comme un fauteuil confortable: on s'y endort facilement. Une bonne question est comme un tabouret de vacher à une jambe: on s'y tient en équilibre souvent instable, mais on ne peut s'y endormir.

Alors ce livre voudrait vous inviter à vider des tasses de thé et, assis sur votre tabouret de vacher, à créer vos propres réponses à la question: pourquoi et comment vivre plus simplement?

Avant d'entrer dans le vif du sujet, je pense utile de présenter quelques idées qui constitueront les prémisses pédagogiques de l'ouvrage.

Pour éviter tout malentendu, précisons que ce livre n'a pas l'intention d'enseigner quoi que ce soit, ni de dicter des voies pour atteindre la simplicité. Je ne me sens pas le droit de dire à une seule personne sur la planète comment elle devrait vivre sa vie. A l'aube du vingt-et-unième siècle, c'est déjà un défi suffisamment grand de tâcher de vivre la sienne avec un minimum de cohérence, sans avoir l'arrogance de prêcher à d'autres comment ils devraient vivre la leur. Comme le dit la sagesse populaire, on enseigne ce qu'on a soi-même le plus besoin d'apprendre. Remplacez «enseigne» par «partage» et vous aurez un des objectifs de ce livre. La simplicité – qu'on peut définir comme la faculté de se débarrasser de tout le superflu (mental autant que matériel) – s'invente par l'exercice quotidien.

Dans les ateliers ***Vivre Autrement*** que j'anime depuis quelques années dans le cadre extraordinairement beau, dépouillé et simple d'un petit hameau valaisan à 2100 mètres dans les Alpes suisses, nous disons toujours que nous sommes aux antipodes de «l'esprit gourou» (tel que ce terme est utilisé en Occident). Si j'écris sur la vie simple, c'est parce que j'ai moi-même encore besoin d'apprendre comment mieux la vivre dans la société la plus complexe que l'humanité ait jamais engendrée.

Galilée disait qu'on ne pouvait rien apprendre à un homme et qu'il était seulement possible de l'aider à découvrir ce qu'il savait déjà. Ce sera notre premier postulat.

Notre deuxième postulat est ce proverbe chinois qui dit qu'un chemin se forme en y marchant. La simplicité s'invente par l'exercice quotidien.

Troisièmement, il est basé sur l'idée qu'une raison importante de vivre simplement est la joie et la satisfaction intérieure profondes que procure un tel style de vie. Il est essentiel que la motivation en faveur d'une vie plus simple soit positive, plutôt que fondée sur la crainte de manquer de ressources, la peur d'un conflit mondial entre possédants et ceux qui se sont fait posséder, et d'autres raisons similaires. «Accroche ton chariot à une étoile», disait le philosophe américain Emerson – non à un bunker, un coffre-fort, ou l'un des nombreux autres dieux modernes qui ornent nos autels.

Finalement, pour éviter tout malentendu, il importe de souligner que le progrès matériel, l'accroissement du confort et des loisirs, la facilité accrue des transports, la remarquable mobilité individuelle que permet la voiture, et tant d'autres acquis matériels de nos sociétés, représentent des progrès importants, souvent extraordinaires (qu'on pense au téléphone ou à certains domaines de la chirurgie). Je me suis battu pendant trente ans pour que ceux qui en étaient privés y aient accès. Mais tout est question de mesure. Nous l'avons, dans nombre de domaines, dépassée.

Il existe des impératifs de nature écologique et de justice sociale importants qui poussent aussi à vivre plus simplement, mais ce ne sont pas des raisons suffisantes pour la plupart des gens. Ces dernières doivent se situer au niveau de l'individu. Tous les Eldorado de la consommation sont incapables de rivaliser un instant avec la liberté d'esprit de celui qui vit simplement parce qu'il a mis de l'ordre dans son existence et ses priorités.

Dans les ateliers ***Vivre Autrement***, nous parlons souvent d'une trajectoire de cohérence. Vivre simplement n'est rien d'autre que la recherche de cohérence entre des objectifs de vie, des valeurs qui nous sont chères, et notre style de vie quotidien. Cette recherche est discrète, sans prétentions et exige une immense persévérance. Elle implique ce minimum d'engagement et d'investissement de soi sans lequel aucun objectif ne peut être atteint.

De plus en plus, il apparaît que les grands changements mondiaux seront la résultante de millions de petits changements accumulés, opérés dans leur vie par des dizaines de millions de simples citoyens de notre belle planète terre. «Quand les bouches des fourmis se mettent ensemble, elles peuvent transporter un éléphant», dit un proverbe burkinabé.

Mon travail depuis trente ans avec les plus démunis du Nord et du Sud me pousse à croire que la recherche de la vie simple reste, pour l'instant, le privilège d'une minorité. Cela ne diminue en rien la valeur et l'urgence de cette recherche. Au contraire, elle est d'autant plus importante pour ceux qui comprennent qu'il existe réellement une alternative réaliste au TGV de la société de consommation, que la pérennisation de cette dernière dans le Nord, et son extension au Sud, engendreraient des crises croissantes pour la planète entière. De plus, tôt ou tard, à cause des problèmes d'un chômage massif qui est d'ordre structurel (c'est-à-dire qu'il découle des structures mêmes du système économique en vigueur), nous allons devoir impérativement instituer un partage du travail dans les pays industrialisés. Avec pour conséquence, à moyen ou court terme, une simplification de nos styles de vie.

En commençant à écrire ce livre, je suis tombé sur le proverbe masaï qui dit: «Une tête ne peut contenir à elle seule toute la sagesse.» C'est donc avec une grande modestie que je livre ces lignes. Mais le sentiment d'une certaine urgence dans la situation mondiale m'a fait accéder à la demande de Jacques Maire, directeur des éditions Jouvence. Lord Salisbury, un homme d'Etat britannique du siècle passé, disait: «Aucune leçon ne semble aussi clairement inculquée par l'expérience, à savoir qu'il ne faut pas faire confiance aux experts.» Comme il n'existe pas – Dieu merci – d'experts en vie simple, je m'y suis lancé, encouragé par la sagesse de ma vieille grand-mère bernoise qui disait que chaque génération devait monter sur les épaules de celle qui l'avait précédée. Puisse chaque lecteur monter sur les miennes et aller encore plus loin!

Un bref commentaire sur la construction du livre. Il a semblé utile de commencer en présentant les raisons pour lesquelles la continuation du mode de vie actuel fondé sur la surconsommation mène à une impasse totale. Le lecteur pour lequel le concept de maldéveloppement est suffisamment connu pourra démarrer tout de suite avec la deuxième partie, qui traite plus du problème des valeurs qui sous-tendent une vie plus simple. Mais pour la majorité des lecteurs, une lecture plus classique de la première à la dernière page est conseillée, l'enchaînement des idées respectant une certaine logique.

Le symbole chinois pour le mot «crise» a deux significations : danger et chance (occasion unique). L'humanité est peut-être comme jamais auparavant à une croisée des chemins qui peut déboucher sur le meilleur comme sur le pire. Pour la première fois dans l'histoire, nous avons la possibilité d'éradiquer la pauvreté extrême de la planète en une génération. Comme nous avons la possibilité de susciter des scénarios de catastrophe. Le choix est à nous, il est en nous !

Un proverbe arabe affirme : «Celui qui veut faire quelque chose trouve un moyen, celui qui ne veut rien faire trouve une excuse.»

Devenons des inventeurs de moyens !

Mayens de la Bréona, Val d'Hérens, Valais

PREMIÈRE PARTIE

Pourquoi vivre plus simplement ?

CHAPITRE PREMIER

La surconsommation érigée en norme

«Plus le désir s'avance, plus
la possession véritable s'éloigne.»
MARCEL PROUST

Le 11 août 1992, moins de deux mois après la plus grande conférence mondiale sur les problèmes de l'environnement organisée à Rio de Janeiro, où les nations du monde s'engageaient à s'orienter vers des politiques de développement durables, s'ouvrait dans le Minnesota le plus grand centre commercial de la planète. Il s'inscrit dans un périmètre de 1,6 km, s'étale sur quatre étages et comprend un parc d'amusement de 3 hectares. Ses promoteurs espèrent qu'il attirera plus de visiteurs que le Vatican ou La Mecque.

En tout cas, c'est bien parti puisque, les week-ends, des Boeing 747 amènent des charters entiers de touristes... japonais venus faire des emplettes qu'ils pourraient aisément effectuer chez eux à meilleur prix (compte tenu du billet et de l'hôtel).

Alan Durning, à l'époque chercheur au Worldwatch Institute de Washington, estimait en 1992 que, mesurés en dollars constants, l'humanité a consommé autant de biens et de services depuis 1950 que toutes les nations du globe depuis la nuit des temps[1]. Uniquement au cours de ce siècle, le volume de l'économie mondiale a été multiplié par vingt. Les gains extraordinaires de productivité depuis la Révolution industrielle, et surtout depuis 1945, ont permis une hausse très importante du revenu des populations. Un chercheur de l'Université de Yale, William Nordham, a calculé que le revenu réel des gens, des ouvriers aux dirigeants, a été multiplié par 75 depuis le sacre de Napoléon[2].

**Equipement des ménages, France, 1963 et 1988
en pourcentage des ménages équipés[3]**

Type d'appareil	1963	1988
Téléphone	9	92
Frigo	43	98
Machine à laver	32	87
Télévision	28	94
Trois de ces appareils	11	82
Aucun de ces appareils	43	1

Pour éviter tout malentendu, il est important de souligner dès le départ que la société industrielle et la technologie occidentale ont permis nombre de progrès absolument remarquables qui représentent un gain immense pour toute l'espèce humaine: la suppression presque totale de la pauvreté extrême dans le Nord, la généralisation de la sécurité et des assurances sociales (il est vrai en train d'être partiellement démantelées dans certains pays), la scolarisation universelle, les droits de l'homme, de la femme et de l'enfant reconnus, les progrès immenses accomplis dans l'habitat, l'hygiène, la santé et surtout l'alimentation, la possibilité de voyager offerte à presque tous, les communications instantanées à l'échelle mondiale, les progrès des sciences dans nombre de domaines, la réduction de la durée de travail et l'amélioration de la sécurité du travail... Chacun peut ajouter à cette liste les progrès qui lui tiennent à cœur. Cela représente une panoplie de réalisations étonnantes, et il convient de le souligner, car cet ouvrage ne ménagera pas certaines critiques à l'encontre d'un système qui semble de plus en plus sans issue.

Précisons aussi tout de suite que consommer est un des actes les plus naturels de la vie. Le Larousse définit la consommation comme «l'action de consommer, de faire usage de quelque chose». Dans cette optique, nombre d'actes de consommation sont bons, voire indispensables. En revanche, que la consommation devienne une fin en soi indépendamment d'un certain contexte de vie est malsain pour un individu ou une société. Il en est de même lorsque cette consommation est un acte purement passif, n'impliquant qu'un minimum de participation de l'individu, voire aucune. C'est ce deuxième sens qui tend à être sous-entendu dans le terme «société de consommation», et c'est cette vision passive de la consommation que nous pouvons dépasser.

En France, le pouvoir d'achat des ménages a été multiplié par quatre de 1949 à 1981 – et les chiffres pour les autres pays de l'Europe du Nord ou de l'Ouest sont du même ordre de grandeur, parfois supérieurs. L'équipement des ménages a fait un immense bond, comme le montrent les données suivantes:

En effet depuis les années cinquante, nous avons érigé en Occident la civilisation du «prêt à jeter» la plus étonnante de l'histoire humaine. Quand les historiens du vingt-et-unième siècle dresseront le bilan de la deuxième moitié du vingtième siècle, il y a fort à parier qu'ils décriront nos sociétés comme «la civilisation du gaspillage».

Pour ceux qui sont assez âgés pour avoir connu l'avant et l'après-guerre immédiats, la boulimie de consommation atteint des niveaux stupéfiants. Armoires bourrées de vêtements que nous ne portons presque jamais, médicaments jetés à peine utilisés, voitures, chaînes stéréo, équipements sportifs changés périodiquement, l'eau chaude qui coule à flots pour laver une petite sous-tasse, nouveaux parfums ou whiskys lancés tous les deux ou trois mois à grand renfort de campagnes publicitaires, appareils de photos jetables après une pellicule, CD qui s'empilent par dizaines si ce n'est par centaines et qu'on écoutera deux ou trois fois avant de les oublier.

Nous importons nos aliments du monde entier, à n'importe quelle saison, quel qu'en soit le coût financier ou énergétique (même si les habitants des pays producteurs souffrent de la faim). Nous donnons des machines fax à nos enfants afin qu'ils puissent télécopier leurs dessins à papa au bureau, puisqu'il n'a jamais le temps de jouer avec eux à la maison, et aux plus privilégiés des manteaux de vison pour poupées. Et pour nos animaux domestiques, lunettes de soleil et parfums, aliments spéciaux pour toutous obèses, rien n'est trop bon – sans parler de psychologues ou nutritionnistes spécialisés dans le bien-être de nos «frères inférieurs».

Un chercheur japonais vient d'inventer une pilule qui permet de désodoriser nos... matières fécales. A Noël de l'année 1994, un journal suisse offrait un voyage (payant bien sûr) de quatre jours à New York en Concorde pour faire ses emplettes de fin d'année. On trouve sur le marché des *softwatches*, des montres en forme de poire inspirées, paraît-il, de Salvador Dali, et les fabricants de voitures de sport vendent des bolides dépassant les 350 km/h... pour des autoroutes à la vitesse limitée à 130 ou 150 km/h. Et cette kyrielle de l'inutile ou de l'excessif pourrait aisément couvrir des pages.

Or ce gaspillage n'est pas l'exception, ***il est la norme qui permet au système même de continuer à tourner sur le plan économique...*** Sans ce gaspillage, le système – tel qu'il est conçu aujourd'hui – ne pourrait plus fonctionner. Juste après la dernière guerre mondiale, un spécialiste américain du marketing, Victor Lebow, nous exhortait, sans s'embarrasser de sous-entendus, à suivre un programme que nous avons non seulement exécuté à la lettre, mais même dépassé: *«Notre économie énormément productive ... exige que nous fassions de la consommation un mode de vie, que nous convertissions l'achat et l'utilisation de biens en rituels, que nous recherchions notre satisfaction spirituelle, la satisfaction de notre ego, dans la consommation... Nous devons consommer, brûler, utiliser, remplacer et jeter les choses à un rythme toujours croissant*[4].» En effet, dans un monde où les besoins matériels de base de la plupart des gens sont couverts, la seule façon de permettre une croissance économique soutenue – objectif de tous les gouvernements depuis la guerre – est de pousser à la consommation.

Nous avons suivi ce programme en élèves zélés !

Mais il y a trois petits hics à la réalisation de ce programme: nous avons porté de graves atteintes à notre environnement, créé un fossé croissant entre les pauvres et les riches (tant au Nord qu'au Sud), et surtout, notre insatisfaction semble s'accroître en proportion directe de la quantité de choses consommées.

En 1983, j'ai organisé une exposition itinérante sur la faim pour les écoles romandes, pour la préparation de laquelle plusieurs chaînes de supermarchés ont été contactées. Le chef de l'approvisionnement d'un grand supermarché de l'alimentation m'a informé qu'un de leurs supermarchés stockait 60 à 70 produits tropicaux, beaucoup d'entre eux frais, 230 fromages et 100 marques de whisky.

Cent marques de whisky. Même les amateurs les plus difficiles ne sauraient s'y retrouver. On s'imagine le gaspillage inouï que représente cette situation: toutes ces entreprises possèdent ou louent des services de publicité qui doivent exécuter des campagnes fort coûteuses pour conserver leur «part du marché», (le but ultime de tout spécialiste du marketing étant d'augmenter celle de sa compagnie). Toutes possèdent les services d'états majors entiers de spécialistes de la publicité qui utilisent leur extraordinaire créativité (car les publicitaires n'en manquent pas, reconnaissons-le) pour vendre un peu plus de leur whisky à des gens qui ont l'embarras du choix.

Au fait, ont-ils même le choix? L'idéologie officielle de l'économie de marché veut que l'accroissement des choix offerts aux consommateurs augmente leur bien-être. Mais la réalité, c'est l'exact contraire: il vient un moment où, plus vous avez de choix, moins vous pouvez faire un choix «libre», c'est-à-dire correspondant à vos valeurs, sauvegardant votre autonomie. PERSONNE NE PEUT FAIRE DE CHOIX LIBRE ENTRE 100 MARQUES DE WHISKY… ou 147 marques de biscuits, ou 38 marques de voitures, ou 667 modèles de souliers, ou 212 types de montres, ou... les 500 chaînes de télévision qu'on nous promet pour la fin du siècle !

Cinq cents ! Et puisqu'il sera strictement impossible à une personne normale de choisir entre 500 chaînes de télévision, ou même de prendre connaissance de ce qu'elles offrent, on nous promet en même temps le software informatique qui...choisira pour nous, à l'aide de mots clés, les programmes de télévision que nos gentils ordinateurs programmeront pour nous. Et vive la liberté ! De plus, la multiplicité des choix cause une perte de la chose la plus précieuse de toutes, le temps – puisqu'il faut utiliser du temps pour comparer, évaluer, lire les catalogues, tester éventuellement les produits, sans parler de leur utilisation.

Dans les années 70, la présidente de ce qui était encore à l'époque la Fédération des femmes du Burkina-Faso, une enseignante tout à fait remarquable du nom de Jeanne Zongo, me disait : « Si un paysan de mon village entrait dans un de vos supermarchés, il deviendrait fou. » Nous avons tendance à le devenir nous aussi, mais à doses homéopathiques si on ose dire, très lentement, de telle façon que cela ne se remarque pas, a fortiori quand tout le monde subit la même déformation. Car n'y a-t-il pas une certaine folie ou une folie certaine à accepter une organisation aussi irrationnelle et aberrante de la société tout en la prenant pour la chose la plus normale du monde ?

Pourtant, c'est exactement la voie que poursuit l'économie de marché depuis plus d'une quarantaine d'années : une économie du gaspillage où les *throw away* – les objets à jeter, sans les recycler – sont devenus la règle dans tous les domaines. Certes, depuis le début des années 1990, certains fabricants commencent à construire en pensant au recyclage de l'objet en question, mais cela reste une partie infime de la production totale. Depuis plus de quarante ans, on jette par dizaines de millions, voire par dizaines de milliards, voitures (on en produit 35 millions de nouvelles par année), langes (plusieurs centaines de milliards par an), boîtes d'alu, meubles, appareils domestiques, médicaments, appareils de photos 36 poses qu'on jette à la fin du film

(30 millions par an pour le seul Japon), médicaments, produits chimiques toxiques, bouteilles (200 millions par an), etc. selon les chiffres fournis par Alan Durning[5].

Une publicité omniprésente

Pour asseoir ce rythme de consommation sans précédent dans l'histoire humaine, nos sociétés ont mis sur pied un système publicitaire qui pénètre tous les coins et recoins de notre vie quotidienne, qui nous harcèle dans la rue, le métro, les transports publics. Les messages publicitaires sont lancinants, et il n'est jusqu'à la plus petite gargote de Tombouctou ou des hauts plateaux de la Papouasie, qui n'ait sa pub pour telle marque universelle de cigarettes ou de boissons.

Ciel, mais où allons-nous donc? Justement. Levez vos yeux au ciel et vous verrez, là encore, des publicités qui s'étalent, d'une benne de télécabine à une banderole traînée par un avion ou du torse bombé d'un ballon – sans parler de celles qui sont rayonnées aux quatre coins du monde par satellite, de la plus grande capitale au plus modeste bidonville de Dakar ou Djibouti. Et déjà, selon Alan Durning, la compagnie Viskase de Chicago imprime des messages publicitaires sur les hot-dogs, et la maison Egverts International utilise une technique similaire pour mettre ses messages publicitaires sur les coquilles de milliers d'œufs en Israël.

Les sommes dépensées pour cette culture publicitaire augmentent sans cesse. Car c'est bien d'une nouvelle forme de culture que nous parlons, qui tend à façonner des goûts uniformes aux presque six milliards d'habitants de la planète. Pour le monde entier, elles ont passé de 195 milliards de francs français en 1950 et approchaient à grands pas les 1500 milliards de francs français en 1994, soit un rythme d'augmentation très supérieur à celui de l'économie mondiale. Et cela pour vendre de plus en plus de choses inutiles à des gens qui en ont de moins en moins besoin. Pour la France, l'Office d'annonces (régisseur des annonces de France Télécom), estime les dépenses publicitaires totales en 1994 à plus de 141 milliards de francs français (y compris le marketing direct, la publicité par événements, les relations publiques, etc.), dont 52 milliards pour les seuls médias[6]. Cela fait près de 60 fois le budget total d'un Etat sahélien comme le Niger.

On a calculé que le jeune Américain moyen aura vu à l'âge de 18 ans environ 800 000 spots publicitaires à la télévision. (Le jeune Européen le rattrapera certainement dans quelques années au fur et à mesure de l'américanisation de notre mode de vie qui se poursuit depuis la dernière guerre.) Presque chaque annonce publicitaire a le même message de base: ***il existe un moyen matériel pour résoudre immédiatement votre problème ou assouvir instantanément votre désir.***

Nous sommes tous soumis à des milliers de tels messages par jour, et leur nombre ne fait qu'augmenter. En Suisse, au début des années 1990, la publicité par voie directe par exemple – celle que nous recevons quotidiennement par la poste – augmentait d'environ 15 % par an, et on estime que d'ici la fin de la décennie le nombre d'envois publicitaires pourrait dépasser le courrier privé. Le Canada coupe 17 000 hectares de forêt par an – soit l'équivalent de 34 000 terrains de football – uniquement pour imprimer les pages publicitaires des journaux américains.

Pareil déluge de publicité par la poste n'est possible que grâce à un véritable trafic de listes d'adresses qui se vendent, bien sûr. Par curiosité, j'ai écrit à une entreprise spécialisée dans la vente d'adresses qui m'a envoyé un beau catalogue avec des dizaines de propositions de listes d'adresses classées par catégorie, avec le profil des personnes contenues dans la liste (membres de conseils d'administration, coureurs et joggeurs, lectrices d'un magazine hebdomadaire féminin, etc.). On vous propose par exemple une liste intitulée «Ciel 7» *(sic)* composée entièrement «d'acheteurs par correspondance d'accessoires érotiques», une autre, «Orion», composée «d'acheteurs par correspondance de lingeries et d'objets érotiques». Certains fichiers vous donnent même l'âge moyen des personnes fichées, leur sexe, secteur professionnel, etc.

Contrairement à un mythe auquel plus personne heureusement ne croit, le but premier de la publicité n'est pas l'information, mais la création et la stimulation des besoins, la fidélisation du public à certaines marques et la préservation par l'entreprise de sa «part du marché». Pour atteindre ce but, les publicitaires se sont entourés d'une armée de scientifiques et de spécialistes: psychologues, psychanalystes, psycholinguistes, architectes d'intérieur, hypnotechniciens, spécialistes des timbres vocaux, décorateurs, et j'en passe. Tous nous dissèquent, nous analysent, nous manipulent à notre insu. A Saint-Quentin-en-Yvelines, on a même construit un «hypermarché laboratoire» où l'on étudie *in vivo* le comportement d'achat des clients. L'acheteur cobaye y est épié par une armée de spécialistes qui suivent ses moindres faits et gestes, ses hésitations, à travers des miroirs sans tain. Son regard est filmé par le Eye Movement Recorder, un système qui permet de détecter quel est le premier article aperçu sur un rayon par le client[7].

Dans certains supermarchés européens, il existe maintenant des caddies pour… les enfants. On s'imagine sans peine les scènes à la caisse. Aux Etats-Unis, on fait mieux, puisqu'on a même introduit des écrans de télévision… sur les caddies, qui vous déversent leur flot de pub pendant que vous faites vos achats. Le but visé, on le devine, ne tend guère à la simplification de la vie.

La revue économique *Bilan* décrit l'informatisation systématique des achats, une des musiques d'avenir du commerce de détail. Grâce à la carte client qu'émettent les grandes surfaces, on créera des bases de données grâce auxquelles le magasin pourrait dresser un profil d'achat de chaque client. (Cela a déjà commencé aux Etats-Unis.) Ainsi «l'amateur de vins fins californiens rosés, récoltés les années bissextiles, se voyant proposer un catalogue exactement adapté à son hobby, donnera forcément signe de vie» – en d'autres termes, il achètera exactement ce qu'on lui propose. Si cela vous donne quelques frissons, lisez ce qui suit, toujours tiré du même article: «Les nouveaux outils de surveillance des marchés permettent, du moins en théorie, de collecter une masse d'informations que l'ordinateur peut à volonté analyser, croiser, comparer, superposer. ... Dans le domaine de la grande consommation, de scanning en tracking, on pourra suivre en temps réel les faits et gestes de la ménagère, établir des corrélations entre ses comportements d'achat et son 'exposition' aux médias... observer *in vivo* les effets des différents stimulateurs de vente (publicité, promotion, offres spéciales, prix, etc.).

Les Américains travaillent depuis longtemps sur un concept baptisé 'single source', avatar du marketing de Big Brother, à partir duquel on rapprochera l'ensemble des données recueillies sur un même individu. ...Il suffira d'installer des lecteurs de codes barres aux points de passage obligés du chaland: ainsi un œil placé au fond du caddie peut parfaitement jouer les délateurs[8].»

Un autre article de la même revue va encore beaucoup plus loin[9]. Intitulé *Du berceau à la tombe,* il décrit comment les consommateurs seront fichés littéralement de leur naissance à la tombe (cela a déjà commencé). Ce système, appelé le «marketing personnalisé» ou marketing de bases de données, vise à une «fidélisation» du client. Kraft General Foods Group aux Etats-Unis dispose d'un fichier de 30 millions de consommateurs. Plus près de chez nous, la chaîne de supermarchés Manor en Suisse dispose d'un fichier marketing dont il est dit qu'il «dissèque le comportement du client: montant, date, description et fréquence des achats», ce qui permettra d'adopter ensuite une stratégie de marketing personnalisé. D'après la même source, Nestlé France constitue actuellement un fichier nominatif de plus d'un million de consommateurs pour les mettre à la disposition de toutes les marques du groupe. Danone fait de même.

Ces «fichiers de comportement» comme les nomme *Bilan,* qui contiennent de plus en plus d'informations personnelles, sont complétés de mois en mois. Ils «suivent en quelque sorte l'individu à chaque étape de sa vie... Ces fichiers circulent aussi d'un distributeur à l'autre, permettant d'affiner les profils par croisement jusqu'à une ***mise à nu du consommateur***» (souligné par nous). Il s'agit «d'enfermer les clients dans des niches» nous dit-on, avec le seul but, encore et toujours, «de vendre un maximum de produits à une seule personne... Le pouvoir appartiendra à celui qui saura collecter des renseignements sur le consommateur et conquérir ainsi son cœur» voire même à «anticiper les désirs du consommateur» (sic). «Le comportement passé des clients est le meilleur baromètre de leur comportement futur. On peut établir ainsi un profil de leur comportement d'achat et ***chercher à le modifier ou à l'influencer.»*** (souligné par nous)

Vous voilà donc averti(e), amie lectrice, ami lecteur. A votre insu, on vous traque, on vous dissèque, on vous fiche de mille façons différentes, on répertorie et analyse vos goûts, vos hobbies, on élabore des schémas de votre comportement futur probable, on vous tâte et on vous ausculte, on sonde vos comportements intimes, on tâche de deviner vos points faibles pour en profiter. On considère «primordial» d'estimer «la valeur réelle d'un client» (vous !) «le chiffre d'affaires qu'il réalise à long terme, durant toute sa vie». (Lisez: toute *votre* vie – car c'est de vous qu'il s'agit, pas de quelque consommateur anonyme.)

Et ce n'est encore rien comparé aux projets que concoctent les spécialistes du marketing pour l'avenir. L'article en question devient véritablement lyrique en décrivant «le marketing personnalisé du futur» dont le but est «d'offrir les rênes au consommateur en déplaçant des magasins imaginaires dans tous les foyers».

«Coiffé d'un casque sonore, le consommateur des Temps modernes tournera les pages de son catalogue tridimensionnel. Il évoluera sur son écran de télévision, se projettera dans une ambiance week-end ou cocktail, essaiera des vêtements de circonstance sans quitter le confort de son fauteuil. Et décidera de craquer pour cette tenue de loisirs en passant une commande sonore. Le fantôme de la réalité virtuelle plane déjà au-dessus de nos têtes[10]*.»*

La revue futuriste américaine *The Futurist* est encore plus lyrique quand elle décrit les possibilités de vente démultipliées grâce aux multimédias et la télévision interactive. Tranquillement installés chez vous, votre coca à la main, vous pourrez acheter un habit ou une robe dont vous aurez tâté de l'autre main la texture en touchant simplement l'écran de télévision. Ce sera comme si vous touchiez l'objet lui-même. Vous dessinerez vos vêtements dont vous transmettrez les mensurations à un atelier de Singapour. Les industries des télécommunications, du câble et des divertissements «*comptent sur une avalanche de ventes une fois qu'elles vous amèneront la télévision interactive avec qualité de vision et de son améliorés, éventuellement le toucher et même l'odorat*[11]...

D'après la même source, la compagnie Eon de Reston en Virginie va très prochainement équiper 200 maisons à Bethesda au Maryland avec un système interactif grâce auquel les habitants pourront faire leur shopping, régler toutes leurs affaires bancaires, communiquer, répondre à des enquêtes et jouer à des jeux interactifs par la télévision. L'article ne précise pas si les gens sortiront encore de chez eux.

Est-ce là la destinée de l'*homo sapiens*?

Cette publicité vise consciemment et constamment à créer l'insatisfaction, puisque dans une société où tous les besoins de base sont couverts pour 90% à 95% de la population, elle demeure le principal moyen de vendre plus.

Un nombre croissant de spécialistes décrivent le consommateur rationnel comme une espèce rare menacée de disparition. Les experts du marketing travaillent à déclencher des envies subites. Devant la multitude presque infinie de produits de qualité semblable, le consommateur ne sait tout simplement plus comment faire un choix rationnel. Aux Etats-Unis, on a trouvé une expression pour cela: *choice paralysis* – la paralysie du choix. Devant 100 whiskys, il est tout simplement impossible, répétons-le, de faire un choix rationnel. Et c'est là qu'intervient la publicité. Les clients n'ont jamais été aussi disposés à se laisser conter fleurette, à se laisser bercer d'illusions. Donc la publicité doit aider le client à justifier à ses propres yeux le choix qu'il va faire, le rassurer qu'il fait un choix intelligent, rationnel, alors que c'est exactement le contraire qui, trop souvent, se produit.

Dans les années 1970, l'économiste anglais E.F. Schumacher publia un livre qui devint un des ouvrages les plus influents de la seconde moitié du vingtième siècle, *Small is beautiful*, l'éloge d'un style de vie et d'une économie aux dimensions de l'être humain et de la planète. Il écrit notamment: «*Le développement et l'expansion des besoins sont l'antithèse de la sagesse. Ils constituent aussi l'antithèse de la liberté et de la paix. Chaque accroissement des besoins conduit à accroître notre dépendance à des forces extérieures sur lesquelles l'individu n'a aucun contrôle*[12]».

Sagesse, liberté, paix intérieure? Ce sont des termes qui résonnent bizarrement au panthéon de la société de consommation. Et pourtant, ne sont-ce pas là les vrais besoins de l'être humain, sa vraie richesse? Nous y reviendrons.

Grâce à la mondialisation des communications (plus de 886 millions de ménages dotés de postes de télévision dans le monde et près de deux milliards de radios transistors[13]), il s'ensuit une mondialisation de la publicité. Il n'y a plus aucun coin de la planète qui ne soit à l'abri de ces messages inlassablement répétés, tant au petit écran qu'à la radio, des messages qui vendent ces produits sans lesquels on ne saurait être «moderne». Du moins, c'est souvent l'image qu'on veut inculquer dans les pays du Sud.

Ces campagnes publicitaires omniprésentes ont des effets dramatiques et représentent une bombe à retardement écologique dont les effets pourraient se révéler extrêmement graves pour l'avenir de l'humanité.

Tout d'abord, en effet, elles poussent des pays et des familles qui souvent manquent des ressources les plus élémentaires pour pourvoir à leurs besoins dans le domaine de la santé, de l'éducation, des transports, de la production alimentaire à gaspiller des devises précieuses pour l'achat de produits importés totalement inutiles.

Dans les années 60, une plaisanterie circulait sur le summum de l'habileté qui consistait à vendre un frigo à un Eskimo. Or aujourd'hui, en Inde, la pression du modèle de consommation occidental est telle que dans des villages pratiquement dépourvus d'électricité – où l'électricité n'est disponible que quelques heures par jour souvent, et encore la tension varie-t-elle énormément – des habitants achètent des machines à laver, des TV et même des frigos. Ainsi un article paru dans le *International Herald Tribune* du 3 janvier 1995 décrivait un Indien du village de Barhana, Hawa Singh, dont l'épouse n'a utilisé sa machine à laver que 20 fois en cinq ans. Son voisin a un frigo qui sert avant tout d'armoire *high tech* parce que… le village n'a pas de courant pendant la journée. Singh a un poste de télévision… qui est resté dans l'emballage où il l'a acheté. L'article cite le vice-président d'une compagnie indienne de marketing qui dit sans ambages que «la possession devient plus importante que l'utilisation».

Par ailleurs, cette publicité menée tambour battant dans le Tiers-Monde projette un message trompeur et dangereux: à savoir qu'il est impératif de consommer tel ou tel produit pour être dans le vent, pour être moderne, «comme les cousins du Nord». Mais si le style de vie du milliard d'habitants du Nord menace aujourd'hui gravement l'écologie de la planète, qu'en sera-t-il quand plus de 9 milliards d'habitants qui peupleront le Sud vers le milieu du siècle prochain imiteront notre style de vie ? Même avec les progrès au niveau de l'environnement qu'on peut souhaiter, ce sera intenable. En Asie du Sud-Est, la détérioration de l'environnement progresse beaucoup plus rapidement que le rythme de croissance de l'économie. Ce n'est pas vraiment de bon augure.

Au début des années 1990, je séjournais dans le nord du Burkina-Faso, dans une région atteinte par une disette grave. Je passais une soirée chez un ami africain qui avait la télévision (il habitait en ville). Soudain, que vois-je apparaître à l'écran ? Le feuilleton… Dynasty, offert gratuitement aux télévisions ouest-africaines par une grande multinationale de l'alimentation !

Quatre-vingt-dix pourcent des spectateurs africains qui regardaient cette émission se disaient certainement: «C'est comme ça qu'ils vivent dans le Nord, c'est comme ça que je veux vivre un jour, moi aussi.» Dix à onze milliards de Joan Collins (l'héroïne de Dynasty) sur la planète? Alors on pourra dire: «Adieu le développement durable.»

Finalement, cette projection d'un style de vie orienté essentiellement vers la satisfaction des besoins matériels crée une image totalement faussée du véritable bonheur. Tant les grandes sagesses de l'humanité que notre propre expérience nous montrent que le bonheur se situe d'abord sur un plan non matériel, mais dans le domaine de l'esprit, du spirituel, de la satisfaction morale, culturelle et esthétique, et de l'expression de nos merveilleuses qualités humaines.

Si nous avons fait une si large place à la publicité, c'est d'abord parce qu'elle joue un rôle déterminant dans la perpétuation d'un style de vie nécessairement condamné par l'histoire. Mais plus encore, en tant qu'expression privilégiée de l'idéologie de la société de consommation, elle contribue à créer et entretenir une confusion totale au niveau des valeurs. Car elle situe le bonheur essentiellement au niveau de la consommation matérielle et du paraître, là où il ne pourra, par définition, jamais se trouver.

Il est clair que la publicité n'est pas la cause unique de la surconsommation. La publicité aura peu d'effets sur un individu qui a mis de l'ordre en lui-même, qui a des priorités de vie non matérielles très claires, qui sait que le bonheur vrai ne pourra jamais être atteint au niveau des choses. Mais chez les autres, elle a souvent des effets dévastateurs, car elle pousse les individus à compenser l'insatisfaction, un manque affectif, un vide intérieur, le manque de sens à leur vie, etc., par la consommation. La publicité n'est pas non plus, et de loin, le seul mécanisme qui pousse à la surconsommation, mais elle prolonge et aggrave les effets de ces mécanismes.

D'autres mécanismes poussant à la surconsommation sont l'effet d'imitation – on se compare à ceux qui nous entourent et on veut les imiter – le désir de vouloir paraître plutôt qu'être, la mode, une définition matérialiste du succès, la peur du jugement, bref: tous les mécanismes de compensation par lesquels on cherche à remplacer des manques affectifs et autres par une forme quelconque de consommation. Ces mécanismes sont plus difficiles à déjouer que la publicité, car ils reposent sur notre insécurité intérieure, notre manque de confiance en nos propres valeurs et en nous-mêmes.

Le cirque du désir

La société de consommation génère une soif illimitée de consommation matérielle, stimule intentionnellement l'insatisfaction et la frustration, les aiguise jusqu'à l'insupportable. Elle titille le désir qui, comme le souligne Proust dans la citation donnée en exergue de ce chapitre, ne peut par définition jamais être assouvi au niveau matériel. Comme le disait Lanza del Vasto, ce noble Sicilien fondateur de la première communauté non violente de France dans les années 50, « Le désir est comme le pauvre : tu lui donnes une large aumône pour qu'il s'en aille, mais plus tu lui donnes et plus souvent il vient frapper à la porte de service. »

«Que sont vos biens sinon des choses que vous conservez jalousement par crainte d'en avoir besoin demain ? Et demain, qu'apportera demain au chien trop prudent cachant des os dans le sable mouvant alors qu'il suit les pèlerins vers la Ville sainte ?» écrit le poète libanais Khalil Gibran. Le désir, chacun le réalise dans sa propre expérience, est insatiable. Plus on cherche à l'assouvir, plus il s'enfuit. Tel un mirage, il est toujours juste hors de portée de main – et le restera toujours.

Une économie bâtie sur la satisfaction constante de désirs sans cesse stimulés artificiellement est une économie de la mort et de la poussière. Mort intérieure de celui qui s'imagine qu'il doit toujours avoir plus, qui veut à tout prix posséder le dernier modèle, sans parler de mort de la planète que nous sommes en train de traiter, selon l'économiste américain Herman Daly, comme une entreprise en voie de liquidation. Poussière parce que la vraie satisfaction, le contentement durable, profond, ne peuvent se situer au niveau des choses mais de l'être.

Quand j'étais enfant, à Noël, on recevait deux ou trois cadeaux. On les traitait avec soin, car ils devaient durer. Aujourd'hui, les enfants reçoivent pour la plupart un déluge de cadeaux qui leur ôte toute capacité de vraie gratitude et même toute capacité à éprouver une satisfaction durable. Il n'est que de voir comment dans certaines familles les enfants ouvrent leur cadeau avec une véritable frénésie et le tout se termine souvent en pleurs et récriminations. Car le désir est comme une anguille qui nous échappe dès qu'on croit l'avoir saisie. Une enseignante qui participait à un de nos ateliers racontait comment, lorsqu'elle avait la « déprime », elle s'accordait une « sortie shopping» dans un grand centre commercial non loin de chez elle. Invariablement elle dépensait plusieurs centaines de francs suisses. Invariablement elle se sentait aussi déprimée au retour de son expédition de shopping. Et cela recommençait quelques mois plus tard.

Au-delà de ce dont on a besoin pour vivre avec simplicité, dans la beauté et le contentement, dire «je désire tel objet», c'est situer son propre bonheur en dehors de soi, c'est croire qu'une chose ou un objet peut nous satisfaire, alors que le bonheur vrai réside dans notre capacité à donner, à rayonner la joie, à vivre dans l'amour. L'envie des choses conduit à devenir victime de nos propres mythes, de nos propres rêves, puisque dans tant de choses que nous achetons, nous recherchons non la satisfaction d'un vrai besoin – et nous définirons plus loin ce qu'est un vrai besoin – mais un rêve de notre ego que nous projetons sur une chose. Et plus nous nous ***laissons*** convaincre qu'une chose matérielle peut apporter un vrai contentement intérieur, plus nous ressemblons à des marionnettes que d'autres manipulent.

Ainsi la société finit par ressembler à un immense théâtre de marionnettes où tout le monde tire les ficelles de tout le monde : les producteurs de biens et services et les commerçants qui vendent ont besoin du pouvoir d'achat du soi-disant « client-roi » et se font une concurrence acharnée pour gagner ses faveurs, tout en le manipulant pour qu'il achète plus.

Dans tout ce cirque du désir illimité, on oublie une dimension fondamentale : la gratitude. En effet, l'assouvissement constant des désirs – le choix facile entre cinquante ou quatre-vingt marques de biscuits, 76 vins, 100 whiskys, 200 souliers, 40 chaînes de TV (seulement – pour l'instant), sans parler de la réalité virtuelle qui nous projettera dans un espace où nous créerons à loisir notre propre « réalité », ou le « cybersex », le sexe par ordinateur qui permet de se créer toutes les sensations physiques et affectives d'une rencontre amoureuse et d'un rapport sexuel en chair et en os : cet assouvissement facile et répété tue toute possibilité de gratitude vraie. Et c'est là peut-être l'aspect le plus dramatique, triste et dérisoire en même temps de cette société de la consommation débridée. En effet, vivre sans reconnaissance, c'est tuer son âme. C'est la voie assurée du suicide spirituel.

Quand on possède peu de choses, on peut vraiment les apprécier. Quand on doit marcher pour chercher l'eau que l'on utilise, on l'utilise avec parcimonie et reconnaissance. Quand on jeûne un jour par semaine, quelle reconnaissance on ressent pour la nourriture. Quand on a été chômeur, quelle gratitude on éprouve de pouvoir travailler. Quand on habite au cœur d'une grande ville, quel privilège de se promener ne serait-ce que quelques heures en forêt. Quand on a été analphabète, quelle joie de pouvoir lire ses premiers mots. Quand on a fait de la prison, quelle intensité dans ses premiers moments de liberté. Quand on n'a que deux pantalons ou jupes, quel soin on en prend...

La vie sans reconnaissance, c'est comme une fontaine sans eau, une musique sans mélodie, le sein d'une mère sans lait. C'est un ciel sans étoiles, un lac sans vie, une fleur sans couleur. C'est encore un baiser ou une étreinte sans amour, du miel sans douceur, un ruisseau qui ne chante plus. Une vie sans reconnaissance, c'est une école sans enfants, un repas sans sel, un cirque sans spectateurs... C'est simple: on ne peut *vivre* sans la reconnaissance et la gratitude. On peut exister, consommer, se presser sans cesse, réaliser son chiffre d'affaires (voire le dépasser), surmonter (le concurrent), briller (socialement), impressionner (les autres). On peut ajouter beaucoup d'années à la vie – mais sans gratitude, il n'est pas possible d'ajouter de la vie aux années.

Voulons-nous vraiment exister sans vivre? Depuis 1950, l'espérance de vie moyenne sur terre a augmenté autant que depuis la nuit des temps, passant, pour la planète entière, de 40 à 60 ans actuellement. En France, elle a passé de 29 ans au XVIIIe siècle à 77 ans en 1994 (Belgique 76 ans, Suisse 78).

Le mot le plus fréquent du langage publicitaire – « nouveau » – illustre bien cette insatisfaction permanente. Car le nouveau d'aujourd'hui est déjà dépassé demain, et quand celui de demain se présente, avant d'être même en vente, il est déjà démodé par les modèles que les ingénieurs testent sur leurs bancs d'essai, modèles déjà dépassés dans l'esprit des inventeurs qui planchent sur leurs dessins et leurs projets, eux-mêmes déjà surclassés dans l'esprit des futuristes qui rêvent de l'après-après-demain.

Ce besoin incessant, presque névrotique du « nouveau » ne représente-t-il pas un obstacle majeur à une simplification de la vie, et une charge insupportable pour l'environnement? En effet, indépendamment de sa dimension sociale, (on projette son ego sur les objets dont on s'entoure, on se valorise par un plus de possessions au lieu d'un plus d'*être*), ce besoin de se savoir constamment détenteur du dernier modèle ne traduit-il pas finalement une insécurité et une insatisfaction intérieures profondes?

Le temps ne serait-il pas venu de faire une petite pause, histoire de digérer un peu cette folle course au changement pour le changement? Car sommes-nous tellement sûrs que les gains techniques valent la perte de la qualité de vie incroyable que nous subissons tous du fait d'une société qui vit au pas de course, une course folle vers un soi-disant progrès que personne n'a jamais réussi à définir ?

Alors, peut-on s'empêcher de rêver d'une autre société qui produirait plus de richesse intérieure et moins de déchets que la nôtre ? Car le coût, en termes de déchets, donc de pression sur l'environnement, de notre mode de production, axé vers le nouveau presque toujours instantanément vieilli, est immense. D'après le spécialiste britannique Paul Harrison, l'Européen moyen produit dans le cours de sa vie plus de 1000 fois son propre poids en déchets municipaux et industriels, comparé à 150 fois pour l'habitant moyen du Tiers-Monde. L'Américain moyen, quant à lui, produit 4000 fois son poids en déchets. Ces chiffres seraient ***quadruplés*** si on y ajoutait les déchets miniers, de la construction, des égoûts et du drainage[14].

La revue *Panda* cite quelques chiffres frappants qui permettent de situer la société de consommation dans le contexte historique du développement de la vie sur la planète[15]. Dans cet exercice, l'existence des différentes formes de vie sur terre sont situées *sur une échelle d'une année* sur notre calendrier.

La terre s'est formée il y a environ 4,5 milliards d'années. Les premières formes de vie apparaissent il y a 3,2 milliards d'années : *c'est le 1er janvier*. Le *7 septembre*, soit il y a un milliard d'années, apparaissent les premières formes animales respirant de l'oxygène. Le *10 novembre* apparaissent les premières plantes terrestres, et le *10 décembre* (soit il y a 180 millions d'années) les premiers oiseaux volent, les dinosauriens se multiplient.

Le ***31 décembre à 13 heures***, soit il y a 4 millions d'années, apparaît l'australopithèque, le plus ancien primate et l'ancêtre présumé de l'homme. A ***23 h 50***, il y a 60 000 ans, surgit l'homo sapiens, en d'autres termes l'être humain que nous connaissons aujourd'hui. L'Europe compte quelques milliers d'habitants (contre environ 750 millions aujourd'hui).

Cent vingts secondes, soit *deux minutes avant minuit*, la pêche, la culture et l'élevage commencent à se développer.

Soixante-dix secondes avant minuit, les premiers échanges commerciaux s'organisent (c'est l'apparition du premier «marché» au sens économique), l'esclavage et le patriarcat font leur apparition.

Jésus-Christ naît vingt secondes avant minuit. La terre compte environ 250 millions d'habitants. *Quatre secondes avant minuit,* ce sont les grands voyages de découverte, vers l'an 1600.

Une seconde et demie avant minuit, soit vers 1850, la Révolution industrielle a pris son élan, la population mondiale a atteint le premier milliard d'habitants; l'extraction du pétrole commence.

A 0,5 seconde avant minuit (1950) démarre la société de consommation fondée sur l'utilisation de la terre et de toutes ses ressources pour la seule satisfaction matérielle des besoins de l'homme.

Nous sommes maintenant à 0,05 seconde avant minuit. La terre a presque 6 milliards d'habitants. Nombre de matières premières commencent à se raréfier après quelques dizaines d'années d'exploitation commerciale effrénée. L'eau est une ressource rare dans plus d'une vingtaine de pays de la planète. L'environnement mis à sac depuis 150 ans donne des signes inquiétants de détérioration…

…et certaines personnes d'une naïveté réellement stupéfiante s'imaginent que la grande bamboula commencée il y a une demi-seconde va pouvoir continuer éternellement!

Ainsi, une série d'économistes et de politiciens ont salué quasiment comme une intervention divine la reprise économique amorcée dans le monde depuis 1993-94. Une fois de plus, la croissance économique est vue comme la planche de salut. Mais cette fois, les règles mêmes du jeu ont fondamentalement changé. Non seulement on assiste à une «croissance sans développement», une croissance marquée par une détérioration de la qualité de vie, mais aussi à une augmentation de la productivité et de la production parallèlement à une stagnation de l'emploi et, dans le meilleur des cas, une baisse temporaire et marginale du chômage.

Heureusement, de plus en plus de personnes, tant au niveau du grand public que des spécialistes, réalisent qu'il y a un ver dans la pomme, que nous ne pouvons allègrement aller de l'avant comme si la récession de la fin des années 80 avait été un petit dérapage maintenant sous contrôle. Mais rarcs sont ceux qui sont prêts à des ajustements majeurs de leurs styles de vie. Pourtant, nous devrons y venir, et nous ne pourrons y arriver que de deux façons: dans la liberté et la joie de la sagesse, ou dans les grincements et la douleur de la contrainte.

L'écrivain anglais H.G. Wells lançait: «La civilisation est une course entre l'éducation et la catastrophe.» A nous de choisir aujourd'hui la voie que nous voulons suivre, sans oublier que pour au moins un milliard de nos semblables qui vivent avec un dollar par jour, la «catastrophe» est déjà leur lot quotidien.

CHAPITRE DEUXIÈME

Le Nord a perdu le Nord

«Il ne faut pas laisser nos moyens de vivre
compromettre nos raisons de vivre.»
HUBERT BEUVE-MÉRY

«Ce n'est pas assez de faire des pas
qui peuvent un jour conduire au but.
Chaque pas doit être lui-même un but
en même temps qu'il nous porte vers l'avenir.»
GŒTHE

Le maldéveloppement comme style de vie

A la fin des années 1980, les Etats-Unis, premier producteur et consommateur mondial de pesticides, dépensaient 6,5 milliards de dollars pour épandre ces derniers sur les champs. Malgré cela, les pertes de récoltes dues aux insectes, maladies et mauvaises herbes représentaient le tiers de la récolte – le même pourcentage que dans les années 1940… ou au Moyen Age[1].

Lorsqu'on a commencé à utiliser les pesticides sur une grande échelle à la fin des années 1940, il existait une vingtaine d'insectes résistant à ces produits. Au début des années 1990, c'était près de cinq cents contre lesquels les pesticides restaient totalement inefficaces. Mais en attendant, on avait pollué la planète entière avec ces produits. On trouve le nématode DBCP dans un quart des puits californiens, les résidus de pesticides se retrouvent dans les foies d'ours polaires et empêchent certaines colonies de pingouins de se multiplier correctement. Ces résidus qui rendent les coquilles des œufs plus friables ne proviennent pas des plantations d'ananas de l'Antarctique, mais bien des Amériques où, transportés par les courants marins, ils aboutissent aux deux pôles.

A la fin des années 1980 toujours, on estimait à 2,9 millions le nombre de personnes dans le Tiers-Monde victimes annuellement d'empoisonnements aux pesticides suffisamment graves pour être admis dans des hôpitaux.

Le cas des pesticides est un exemple parfait de ce qu'on appelle le «maldéveloppement» – un exemple du «Nord qui a perdu le Nord» comme le disait un professeur ivoirien dans un atelier sur l'argent que j'animais en 1993. Par maldéveloppement, il faut entendre une situation où une technologie, une institution ou une approche destinées à atteindre un certain but, aboutit à un résultat contraire, ou un résultat nocif imprévu. Il y a déjà bien des années que le professeur André Lwoff, prix Nobel de médecine, estimait que le tiers des malades souffraient de troubles itrogènes, c'est-à-dire de maladies causées par les médicaments qu'ils prenaient ou les traitements qu'ils suivaient pour se guérir. Les pesticides, créés pour lutter contre les soi-disant «pestes», ont abouti à susciter l'apparition de «super-pestes» résistant aux insecticides, tout en tuant des centaines de milliers de personnes par empoisonnement, et polluant la planète entière de leurs résidus terriblement nocifs et puissants.

La voiture constitue un autre exemple qui touchera chacun de plus près. En effet, même si vous avez consommé des résidus de pesticides dans les produits tropicaux pendant des années, cela fut sans effets visibles. Les embouteillages croissants et la pollution qui empire sont, par contre, bien visibles.

La voiture, utilisée intelligemment et avec modération, est une invention merveilleuse qui peut être source d'une grande indépendance pour son utilisateur. Utilisée sans discernement, pour aller n'importe où ou nulle part, ou sur de brèves distances qu'il serait plus rapide de parcourir à vélo ou à pied, elle produit des nuisances majeures dont souffre toute la collectivité, et l'environnement également. Il y a environ un demi-milliard de voitures sur la planète, et on en produit, rappelons-le, 35 millions chaque année, soit 134 000 par jour ouvrable. (La France en a produit plus de 3,4 millions en 1994, et 1,8 million sont mises K.O. chaque année.)[2] Si son usage débridé continue au rythme actuel, de très graves problèmes écologiques risquent d'apparaître, dont la détérioration de la couche d'ozone n'est que la plus connue du grand public, mais pas nécessairement la plus grave.

Quelques chiffres sur ce maldéveloppement automobile soulignent bien que la dimension de simplification de la vie qui consiste à se passer de voiture repose sur des données tout à fait concrètes, et n'est pas un simple vœu pieu[3].

La plupart des pays occidentaux dépensent entre 10 et 20 % de leur produit national brut pour la voiture. (Cet indice traduit en argent la totalité des biens et services produits durant une année dans un pays donné.) En France, le budget automobile des *ménages* (très inférieur à celui du *pays*) représente 8 % du produit intérieur brut. Mais il représente déjà 14,3 % de la consommation finale des ménages, soit une moyenne de 32 000 francs français par an et par famille, selon l'ADEME[4]. Ce serait déjà exorbitant si la vitesse moyenne de la voiture était relativement élevée, mais c'est loin d'être le cas: à Paris, la vitesse moyenne des voitures est de 14 km/h, et tend encore à baisser. A Londres, elle est identique à celle des carrosses à chevaux au Moyen Age.

Certes, les problèmes d'embouteillage ne datent pas d'aujourd'hui, puisqu'à l'époque romaine, l'empereur Hadrien, parlant des carrosses à chevaux, se plaignait que «ce luxe de la vitesse détruit son propre but. Un piéton va plus vite que 300 chars coincés queue contre queue le long des lacets de la Voie Sacrée». Et le *Tableau de Paris au XVIII*e *siècle* décrivait «les roues menaçantes des riches qui conduisent aussi rapidement que jamais sur des routes tachées par le sang de leurs victimes[5]». Qu'auraient écrit ces observateurs de nos villes modernes?

En Suisse, selon l'Association Transports et Environnement, environ le tiers des parcours en voiture s'effectuent sur des distances de moins de 3 km, alors que diverses études ont montré que, jusqu'à une distance de 7 km, le vélo se révèle, en ville, plus rapide que la voiture. Les chiffres sont du même ordre de grandeur pour la plupart des grandes villes occidentales. En France par exemple, 52% des trajets automobiles se font sur des trajets de moins de 3 km, et plus du quart (26%) sur des distances de 1 km[6]. L'*homo consumens* va-t-il un jour perdre l'utilisation de ses jambes?

Aux Etats-Unis, l'automobiliste moyen passera 6 semaines de sa vie à attendre devant des feux rouges, 4 à 5 mois dans des embouteillages. Ces mêmes embouteillages coûtent chaque année 100 milliards de dollars à l'économie du pays. A Londres, 10 % de l'essence utilisée est consommée par les voitures prises dans des embouteillages.

Le résultat, c'est qu'actuellement, dans le monde, 50% de la pollution atmosphérique est causée par la voiture, qui consomme 25% de l'énergie mondiale et produit 80% de la pollution par le bruit dans les pays industriels, tout en provoquant 46% des accidents mortels. Une voiture ajoute en moyenne l'équivalent de son poids en gaz carbonique à l'atmosphère chaque année[7]. Les petits ruisseaux font les grandes rivières, et des millions de petites courses anodines contribuent à la destruction de l'environnement.

Mais le clou de tous ces chiffres est ce qu'on appelle le temps compensé. Ce calcul se fait depuis le début des années 1970. Le résultat est stupéfiant, puisqu'il montre que loin d'être un instrument qui permet de gagner du temps, la voiture apparaît comme un des grands chronophages – dévoreurs de temps – de notre société.

Le principe de ce calcul est très simple: il consiste à calculer la totalité des heures qu'une personne doit consacrer au maintien de sa voiture: non seulement le temps pour rouler avec, chercher des parkings, rester coincé dans des embouteillages, la laver, l'amener chez le garagiste, etc., mais surtout le ***nombre d'heures passées à travailler*** pour payer la totalité des frais occasionnés par le fait d'avoir une voiture. Cela inclut, en plus des frais directs comme l'achat, l'essence, les assurances, les frais de garagiste, les autres frais tel l'amortissement de la voiture, le parking, etc. On additionne toutes ces heures et on divise le nombre de kilomètres parcourus en une année par le chiffre des heures consacrées au maintien de la voiture qu'on vient de calculer.

Prenons le cas de Francine Dunand qui est secrétaire à Lausanne, en Suisse. Elle a une voiture de 1300 cm^3. En 1994, le Touring Club de Suisse estimait le coût moyen de la marque de voiture qu'elle possède à 72 centimes le km tous frais compris. Francine gagne 3500 francs suisses nets, plus le treizième mois, soit 45 500 francs suisses par an, et travaille 1900 heures par année. Ceci lui donne un revenu de 24 francs suisses par heure. (Les Français multiplieront tous les chiffres en francs par 4, les Belges par 25.)

Elle roule 15 000 km par an, surtout en ville, donc sa vitesse moyenne sur route est assez basse. En calculant une vitesse moyenne de 40 km/h, elle passe 375 heures par année pour rouler dans la voiture (15000:40). A ces 375 heures, il convient d'ajouter le nombre d'heures qu'il lui faut travailler pour gagner l'argent nécessaire au paiement de tous les frais occasionnés pas sa voiture, (15 000 km×72 centimes = 10 800 francs qui représente le coût total de la voiture par année).

Si on divise ces 10 800 francs par son revenu horaire de 24 francs, cela donne 450 heures: c'est le nombre d'heures qu'elle consacre pour pouvoir entretenir une voiture. Presque un quart des heures de travail de Francine sont consacrées au privilège d'avoir une voiture.

Mais est-ce là vraiment un privilège?

En bonne Suissesse, elle passe une heure tous les quinze jours à laver et astiquer sa voiture, soit vingt-cinq heures par an. De plus, elle utilise au moins cent heures par an à la recherche de parkings et pour aller du parking au bureau et retour, sans parler des nombreux autres temps morts. En tout donc, elle consacre 375+450+25+100 heures par année à sa voiture, soit 950 heures. C'est le ***temps tribut*** qu'elle sacrifie à sa voiture. Même si on soustrait les 100 heures de recherche de parking parce qu'on les inclut dans le temps de roulement, cela fait toujours 850 heures.

Nous arrivons maintenant à la surprise, soit la vitesse moyenne en km/h de Francine ou son ***temps compensé***: pour l'obtenir, on divise le nombre moyen de kilomètres parcourus en une année (15 000 km) par le nombre d'heures qu'elle doit sacrifier sur l'autel «possession d'une voiture» (850 à 950 h), et on arrive à une vitesse moyenne de 15,8 à 18,8 km/heure.

Pour le privilège d'avoir une voiture, Francine troque environ 900 heures de sa précieuse énergie de vie (car elle vend son travail, c'est-à-dire son énergie vitale, contre une certaine somme d'argent) pour rouler à une vitesse en temps compensé de 16-17 km/heure, la vitesse moyenne d'un cycliste.

Cela en vaut-il vraiment la peine?

A chacun de répondre pour soi. Quant à moi, j'ai «un p'tit vélo qui me tourne dans la tête» comme le dit une chanson connue.

Mais ce calcul est uniquement individuel. Il ne tient absolument pas compte des coûts de la voiture pour la collectivité. En Suisse, à distance parcourue égale, chaque automobiliste est subventionné 3,5 fois plus que l'usager des transports publics, selon l'Association Transports et Environnement, qui milite depuis des années pour un concept plus intelligent et écologique des transports en Suisse. Selon une autre étude menée dans la région zurichoise, la collectivité débourse 1 franc 50 suisses pour chaque franc déboursé par les automobilistes. En d'autres termes, pour les coûts externes d'une voiture familiale de quatre personnes, la collectivité débourse en moyenne 5760 francs suisses par an.

Francine reçoit donc un subside important de la collectivité pour un moyen de transport qui, en temps compensé, est lent, polluant et a des coûts sociaux très lourds: ainsi, les seuls accidents de voiture en Suisse ont coûté en 1992, 6,8 milliards de francs, soit 2 % du produit national brut.

Pour se rendre au village le plus proche du chalet où ont lieu les ateliers ***Vivre Autrement*** en été, il faut trois heures et demie par les transports publics (train et car postal) depuis Genève. En voiture, cela demande deux heures et demie. Cela fait un gain de temps de trois heures au moins par les transports publics, parce qu'en train et en car, on peut travailler et lire. En voiture, le conducteur arrive souvent un peu stressé, alors que l'usager des transports publics débarque du car postal frais comme au réveil. Et il ou elle a eu le temps de jouir pleinement et de façon détendue de certains des plus beaux paysages de Suisse, jouissance fort difficile en roulant à 120 km/heure sur l'autoroute.

Alors jouissons de nos voitures, ce sont des machines remarquables qui peuvent donner une indépendance appréciable et appréciée à leurs utilisateurs. Mais sachons les utiliser intelligemment. Sachons préserver cette précieuse liberté intérieure qui consiste à être capable de ne ***pas*** les utiliser à tout moment, ou de les utiliser en commun dans le cadre d'une coopérative de voitures (voir chapitre VI). Sachons en rester vraiment les maîtres – ou les maîtresses – sans y investir la fragilité de notre ego. Il est clair que dans bien des régions de nos pays, les personnes habitant en milieu rural ou dans la banlieue éloignée n'ont souvent pas d'alternative à la voiture individuelle, tant qu'ils vivent en dehors de la ville. C'est là le résultat de politiques des transports qui, pendant 30 ans, ont systématiquement privilégié la voiture. On en paie aujourd'hui les conséquences, et il faudrait des choix politiques courageux pour renverser la vapeur.

Il y a de nombreux autres domaines où l'abondance des moyens matériels a créé des effets pervers qui vont à l'encontre du but initial visé. Un exemple qui vient immédiatement à l'esprit est celui de la médecine moderne qui, avec un luxe de moyens croissants et excessifs, traite essentiellement les symptômes d'une société de plus en plus déséquilibrée. Il y a déjà plus d'une trentaine d'années qu'Ivan Illich, dans son brillant plaidoyer intitulé *Nemesis Médicale*[7], soulignait que la médecine était devenue le gendarme de notre société d'abondance, aidant à réprimer les symptômes produits par un mode de vie de plus en plus déséquilibré – et on a fait beaucoup de «progrès» depuis la parution de son livre.

Les pays du Nord dépensent entre 14,1% (Etats-Unis) et 5,7% (Grèce) de leur richesse pour un système médical qui ne produit pas moins de maladie. (En France, le pourcentage est de 9,6, en Belgique 8,3 et en Suisse 9,9.) Globalement, dans les pays riches le nombre de journées perdues pour cause de maladie reste assez stable, et dans le domaine psychiatrique, révélateur de l'instabilité de nos sociétés, les consultations médicales ont tendance à augmenter beaucoup plus rapidement que l'accroissement de la population. (A Genève, entre 1983 et 1993, les consultations psychiatriques ont passé de cinquante mille à cent quatre-vingt mille.)[8]

Des études faites dans une série de pays ont démontré que l'augmentation du nombre de médecins s'accompagnait d'une augmentation des consultations, et cela parfois même si la population restait stable, voire diminuait. Le professeur Gilliand de l'Université de Lausanne, éminence grise des statistiques de la santé romandes, prédit pour le tournant du siècle une densité de 1 médecin pour 250 habitants à Genève. A quand 1 pour 200? voire 1 pour 150? Ne serait-il pas plus efficace et intelligent que chacun devienne son propre médecin?

Le professeur Georges Peters, pharmacologue réputé de l'Université de Lausanne, calculait déjà au milieu des années 1980 qu'une dépense de 30 à 40 francs suisses par an suffirait à couvrir les besoins en médicaments du Suisse moyen, qui en dépensait 432[9]. La moitié de ces médicaments étaient jetés sans être utilisés. Ces médicaments jetés avaient coûté la bagatelle de 1468 millions de francs, soit 2,5 fois le budget de l'Etat du Niger pour 1993. La situation s'est beaucoup dégradée depuis.

Tout le monde se désole de l'inflation des coûts de la santé, alors que la réponse est tellement simple: la seule approche intelligente des problèmes de santé est une approche préventive. Or, nous avons bâti une médecine axée essentiellement sur la cure – avant tout parce que cela rapporte beaucoup plus à certains. Comme le répète depuis des années le Dr Christian Tal Schaller, un des pionniers des médecines dites «alternatives» en Suisse romande, «La médecine est coûteuse, mais la santé est bon marché.» La médecine classique s'acharne à combattre la maladie une fois qu'elle s'est déclarée. Or cette bataille est sans espoir parce que la plupart des maladies dans nos pays, la médecine le reconnaît elle-même, sont d'origine psychosomatique, c'est-à-dire nées du mode de vie déséquilibré que nous menons.

La comparaison des espérances de vie dans différents pays par rapport aux coûts de la santé est une des façons les plus éloquentes de mesurer l'efficacité d'une approche préventive. Pour une dépense de 18 dollars par tête, un enfant du Sri Lanka jouit d'une espérance de vie de 72 ans, alors que pour seulement 6 ans d'espérance de vie supplémentaires, les Américains dépensent 2765 dollars. Pour une espérance de vie identique à celle des Américains, les Costaricains ne dépensent que 132 dollars[10]. (Les Français, eux, dépensaient 70 francs français par an pour se soigner en 1950, 11234 francs français en 1993. Même en tenant compte de l'inflation, la haussse est énorme. En pourcentage du budget des ménages, cela représentait 5 % en 1959, 10,2 % en 1994.)[11]

Il serait plus intelligent – cela fait partie d'un mode de vie plus simple – de se demander: quels sont les facteurs qui maintiennent la santé? (au lieu de dépenser des milliards à rechercher les causes matérielles de telle ou telle maladie). Et la réponse vient d'elle-même: une alimentation équilibrée, suffisamment de sommeil, de l'exercice physique régulier, un environnement sain, un travail dans lequel on peut vraiment s'investir, une sexualité équilibrée, des relations humaines harmonieuses, et avant tout une attitude positive face à la vie, la maîtrise de soi, une vie spirituelle active et sans cesse en éveil, un intellect alerte, curieux, qui s'ouvre sans cesse, la capacité de s'adapter et changer, la capacité d'aimer et de pardonner, etc.

Aucun de ces facteurs – et il y en aurait encore bien d'autres à mentionner – ne dépend de la médecine. Ils s'ancrent tous dans notre capacité à prendre notre propre vie en main, à nous voir comme les principaux acteurs de notre santé et de notre bonheur. L'homme moderne a accepté de déléguer la responsabilité de sa santé à des hommes en blouse blanche, et cela a échoué, parce que personne ne peut déléguer la gestion de sa vie à autrui. NOUS SOMMES TOTALEMENT RESPONSABLES DE NOTRE VIE ET PAR CONSÉQUENT DE NOTRE SANTÉ.

Mais inutile de poursuivre la démonstration sur le maldéveloppement de nos sociétés. Chacun de nous est conscient que la machine, quelque part, est grippée. Quelque chose ne fonctionne plus du tout dans un système où l'excès de consommation matérielle non seulement ne produit pas le surplus de bonheur escompté, mais fait planer une menace grave sur l'environnement mondial. Il existe en effet un accord assez général au niveau des scientifiques pour constater que ***nous vivons au-delà de nos moyens, nous consommons le capital écologique dont nos descendants auront besoin pour survivre.***

Selon l'économiste suisse Gonzague Pillet, «si l'économie suisse devait tenir sur la base de ses ressources renouvelables en assurant le niveau de vie actuel, elle ne pourrait supporter que 14% de sa population actuelle, soit 900 000 habitants. Si la Suisse voulait maintenir 6 millions d'habitants au niveau actuel avec ses propres ressources, elle devrait multiplier par 8 l'exploitation de ses propres ressources naturelles.» Et il montre que si l'on voulait généraliser le niveau de vie suisse à l'échelle de la planète, ce serait écologiquement impossible. Et de conclure: «Toute population supplémentaire qui ne peut être soutenue par les ressources matérielles d'un environnement local donné doit être considérée comme une surpopulation.»[12] Entre 1950 et 1990, la population suisse a augmenté de 40%, la consommation d'énergie de 450%, soit 11 fois plus que l'augmentation de la population. On retrouve des ordres de grandeur similaires pour presque tous les pays occidentaux.

En d'autres termes:

1. Actuellement, la population européenne, par le biais du commerce international, importe beaucoup plus d'énergie qu'elle n'en exporte. (Cette constatation ainsi que les suivantes sont valables pour pratiquement tous les pays industriels, seuls les chiffres diffèrent quelque peu.) Nous consommons le capital des autres, notamment du Sud et de nos descendants.

2. Si les Européens voulaient vivre de façon écologiquement équilibrée, c'est-à-dire sur la base d'un développement durable, qui ne menace pas l'avenir, ils devraient, selon l'information dont nous disposons aujourd'hui, soit restreindre drastiquement leur population (de 7 à 1 million environ pour la Suisse selon Pillet), ce qui semble inconcevable (car les émigrants exporteraient simplement leur mode de vie ailleurs, ce qui ne changerait rien au problème global), ***soit modifier de façon radicale leur mode de vie.*** Le même raisonnement vaut pour la plupart des pays occidentaux.

Nous pouvons aussi continuer presque comme si de rien n'était, ce qui semble le cas au moment où nous écrivons ces lignes, la consommation d'électricité par tête continuant d'augmenter d'année en année dans nombre de pays du Nord. Mais ce n'est pas sans risques.

A l'échelle de la planète, nous, les nations riches – 22% de la population mondiale – sommes à l'origine, selon Norman Myers, spécialiste mondialement connu des problèmes de l'environnement, de 74 à 87% des différentes formes de pollution, et consommons 76 à 92% des ressources naturelles par année. Nous engouffrons 70% de l'énergie de la planète, 75% du métal et 85% du bois. Nous produisons 84,7% du produit national brut mondial, contre seulement 1,4% pour le cinquième de la population la plus pauvre du globe. Nos investissements nationaux – c'est-à-dire ce que nous dépensons pour devenir encore plus riches – représentent 85% de ceux de toute la planète, alors que les investissements nationaux du 20% le plus pauvre de la population mondiale n'arrivent même pas à 1% du total mondial, 94 fois moins que nous[13].

En 30 ans, l'écart entre le cinquième le plus riche de la planète et le cinquième des laissés pour compte a plus que doublé, passant de 1 à 30 à 1 à 61. Cela fait présager des années assez chaudes à l'avenir, échauffement qui sera plus politique que climatique. De plus, si les nations mieux loties du Tiers-Monde (et il y en a un nombre important) imitent les niveaux de consommation des pays riches, nombre de matières premières non renouvelables s'épuiseront au bout de quelques décennies.

Le moment ne serait-il pas venu de penser un peu plus en termes de qualité de vie que de quantité de choses consommées ?

Nous avons passé le Rubicon

Il y a globalement deux façons principales de progresser dans la vie, que ce soit pour les individus ou les nations: la sagesse et la souffrance. Nous sommes soumis aux lois irrévocables qui gouvernent l'univers. La terre n'est pas un supermarché que l'univers à mis aimablement à notre disposition, mais une entité qui obéit à des lois précises qui ne peuvent être violées impunément. Rappelons donc quelques-unes des contraintes principales, d'après nos connaissances limitées actuelles, non sans avoir mis la lectrice ou le lecteur en garde contre ce qu'on peut appeler «***l'écoblabla***». Par là nous entendons, soit l'utilisation, dans le domaine des problèmes de l'environnement, d'arguments spécieux ou simplistes, soit le fait d'assener comme des vérités incontournables des données scientifiques qui sont dans le meilleur des cas à manier avec prudence.

Nous n'allons donc pas préfacer chacune des données cidesous de la mention, «selon les données scientifiques actuelles», mais cela est sous-entendu. Cela dit, il importe également de souligner qu'il existe aujourd'hui un consensus scientifique quasi universel sur un certain nombre de points, et qu'il serait totalement irresponsable de ne pas agir rapidement et énergiquement dans un certain nombre de domaines, sous prétexte que l'on n'a pas de certitudes. Les certitudes sont fort rares en science, si même elles existent.

1. L'économie terrestre utilise 40 % de la **capacité de photosynthèse** du globe, le processus d'assimilation de la chlorophile qui détermine la limite absolue de la croissance économique. Il est peu probable, selon les spécialistes, que l'on puisse dépasser un taux d'utilisation de 80 %. Or, la population du globe va pratiquement doubler d'ici le milieu du siècle suivant, et les 4/5 de la planète qui ne goûtent pas encore au gâteau occidental en ont une vive envie. De plus, il est impératif que la plupart des pays du Sud continuent à croître économiquement pour supprimer la pauvreté totalement inacceptable qui y règne. Même en comptant sur des progrès technologiques importants et une diminution de la quantité de matières premières consommées par tête, une diminution signicative de la consommation s'impose dans les pays du Nord.

La taille de cette diminution doit faire l'objet d'un débat mondial, tant les différences d'opinion sont grandes, mais seuls les optimistes les plus osés peuvent croire que de simples améliorations dans l'efficacité de l'utilisation des ressources fera l'affaire. A long terme en effet, les améliorations dues à une utilisation plus efficace des ressources seront nécessairement annulées par l'impact écologique négatif de la simple croissance économique.

Ainsi les voitures sont infiniment plus efficaces aujourd'hui qu'il y a vingt ans, mais la simple augmentation de leur nombre, de leur vitesse et des kilomètres parcourus a depuis longtemps annulé l'impact positif de leur efficacité accrue. Car comme l'a souligné avec humour l'économiste Herman Daly, même un navire dont la charge est plus efficacement distribuée coulera à un moment si la charge totale s'accroît trop – avec la consolation pour les passagers qu'ils ont coulé dans des conditions optimales de répartition de la cargaison.

2. **Echauffement de la planète** dû à l'accroissement du CO^2 dans l'atmosphère né des activités humaines (industrie, transport, etc.). Disons simplement que même si les savants sont en désaccord sur les conséquences et la rapidité de l'échauffement, ils sont maintenant tous d'accord sur le fait que l'atmosphère se réchauffe dix à cent fois plus rapidement que les oscillations naturelles du climat depuis la période de la dernière glaciation (il y a 10 000 ans). Il nous faut prendre une «assurance-vie» en quelque sorte – une assurance planète. Le seul vrai débat tourne autour du prix à payer pour éviter la catastrophe. Mais l'échéance des primes approche, et sans paiement de primes, comme avec les assurances ordinaires, il n'y aura plus de couverture du risque. A nous d'en tirer les conséquences. A la conférence de Berlin sur le climat tenue en avril 1995, les principales nations industrielles se sont engagées à présenter un plan précis de réduction du CO^2 d'ici 1997. C'est une lueur d'espoir.

3. **Couche d'ozone**: cette couche dans la haute atmosphère qui nous protège contre les rayons ultra-violets a été gravement entamée par les activités humaines, avant tout par les fameux gaz CFC. Même si l'émission des CFC cessait aujourd'hui, ce n'est qu'au début du siècle suivant que la détérioration de l'atmosphère et de la couche d'ozone prendrait fin. Les CFC retourneraient à un niveau de perturbation moindre, mais leur activité continuerait pendant 100 à 150 ans. Néanmoins, depuis la conférence de Rio en 1992, des progrès porteurs d'espoir ont été réalisés dans ce domaine, et on peut espérer que la guérison du trou d'ozone s'amorcera dès le début du siècle suivant[14].

4. **Limite de la dégradation des terres**: plus du tiers des surfaces utiles des terres de la planète est gravement endommagé, et la détérioration continue de façon rapide. Selon les connaissances agronomiques actuelles, ce phénomène est irréversible dans un laps de temps qui peut nous intéresser. Cette dégradation est due à de nombreuses causes avant tout liées à

l'activité humaine, comme la déforestation, la salinisation des terres produite par l'irrigation, etc.

5. **Limite de la biodiversité de la planète**: imaginez que l'on découvre une bibliothèque extraordinaire, avec des documents d'une valeur inestimable stockés depuis la nuit des temps. Et devant les caméras du monde entier, on y mettrait le feu, sans même avoir consulté un seul des documents, tout en sachant que certains n'ont pas de prix. C'est exactement ce qui est en train de se passer actuellement avec les espèces animales et végétales. A titre de rappel, selon les estimations les plus conservatrices, 5000 espèces animales et végétales disparaissent de la planète chaque année (jusqu'à 100 000 selon d'autres estimations). Une estimation raisonnable situe cette disparition à 17 500 espèces par an, sur un total de 1,7 million d'espèces actuellement répertoriées. Un carré de forêt de 500 m en Colombie peut contenir 1100 espèces de plantes, autant que l'ensemble des Iles britanniques, et sur 1 ha de forêt péruvienne on a répertorié pas moins de 41 000 insectes[15]. Notre planète n'est-elle pas incroyablement riche et précieuse? Nos plus brillantes réalisations techniques peuvent-elles remplacer cette richesse? (la compléter, oui, la remplacer...?)

Depuis 10000 ans – date de la première grande révolution de notre histoire, qui vit l'apparition de l'agriculture – le capital fabriqué par les hommes, à savoir les machines, les routes, les bateaux de pêche, les moyens de locomotion, etc., constituait la principale limite au développement économique des sociétés. Or, depuis moins d'une génération, il y a eu pour la première fois dans l'histoire humaine un renversement: le capital est plus abondant que les ressources naturelles qui commencent à manquer. ***Nous avons passé un premier Rubicon très lourd de conséquences.***

Un exemple : la pêche. Actuellement, grâce à des technologies aussi dangereuses qu'efficaces, les flottes de pêche déciment les réserves de poissons de la planète. Sur dix-sept grandes zones de pêche dans le monde, treize sont presque épuisées ou en fort déclin. Les quatre autres sont surexploitées ou pleinement exploitées. Le tonnage de poissons attrapés chaque année baisse depuis 1989, alors que le poisson représente un sixième de l'offre mondiale de protéines. Le plus effarant est que, selon le Center for Marine Conservation américain, pour chaque dollar de poisson vendu, les frais d'exploitation se montent à deux dollars, et d'après la FAO (l'organisme des Nations Unies pour l'alimentation et l'agriculture), l'industrie de la pêche perd annuellement 50 milliards de dollars à cause d'années de surexploitation anarchique des océans[16].

Trente-sept mille navires de pêche, dont certains peuvent attraper et pêcher jusqu'à 600 tonnes de poisson par jour, naviguent sur les mers du globe. Ils se livrent entre eux à une concurrence acharnée, ainsi qu'aux 12 millions de petits pêcheurs traditionnels du globe.

Peu de situations montrent aussi clairement et les limites, et le potentiel d'autodestruction écologique, économique et humain du féroce système de concurrence internationale intitulé euphémiquement «les lois du marché».

Depuis 1989, les quantités de poisson attrapées dans le monde chutent d'année en année[17]. Face à de tels déclins, aucun capitaine de vaisseau n'a le moindre intérêt à limiter ses prises, ce qui serait pourtant écologiquement indispensable, car un autre moins scrupuleux en profiterait.

A l'insu des citoyens du Nord, nous avons franchi un ***deuxième Rubicon***, tout aussi lourd de conséquences, dans le courant des années soixante-dix et quatre-vingt. Selon Herman Daly et Manfred Max Neef, deux économistes mondialement connus (le premier fut pendant longtemps un des premiers spécialistes de l'environnement à la Banque mondiale, le deuxième est un économiste chilien), jusque dans les années soixante-dix, l'augmentation matérielle du bien-être des pays occidentaux allait de pair avec l'augmentation de la qualité de vie. Or, depuis cette période (qui varie, nous le répétons, d'un pays à l'autre et même d'une sphère de l'économie à une autre), ces économistes estiment que la croissance économique ne s'accompagne plus d'une croissance automatique du bien-être réel, de la qualité de vie, ***et que le contraire pourrait même être vrai.***

Ces conclusions sont basées sur un indice que Manfred Max Neef et d'autres économistes ont élaboré et qu'ils appellent «l'indice du bien-être économique durable», qui mesure la qualité de la vie, par opposition au produit national brut qui est une mesure essentiellement quantitative de la croisssance économique[18]. Et le professeur Daly, écrivant dans la revue britannique *Resurgence*, de conclure «qu'aux Etats-Unis, divers signes indiquent que ***la croissance économique appauvrit actuellement les Américains, en augmentant les coûts plus rapidement qu'elle n'augmente les bénéfices***»[19].

Comment est-ce possible, direz-vous? Prenez l'exemple de la voiture. Individuellement, un individu qui achète une voiture pense améliorer sa propre qualité de vie. Mais comme des milliers d'autres dans sa ville vont faire le même raisonnement, le résultat sera un ralentissement de la vitesse moyenne des voitures, une augmentation de la pollution et du stress résultant de la circulation sur des routes de plus en plus engorgées, une augmentation des impôts pour compenser la détérioration de l'environnement (tout en construisant plus de parkings, on n'en est pas à une contradiction près), une augmentation substantielle des dépenses familiales pour la voiture, etc. La même démonstration peut se faire pour toute une série de consommations où les coûts augmentent plus rapidement que les bénéfices (médecine, réarmement, etc.).

En fait, seule l'extraordinaire manipulation du PNB (produit national brut) pris comme mesure de l'augmentation du bien-être et de la richesse des pays depuis la dernière guerre mondiale – parler de supercherie ne serait pas trop fort – peut expliquer que nous nous soyons laissé berner à croire que nous devenions toujours plus riches (et richesse était pour la plupart synonyme de plus de bien-être), alors que nous étions en train de construire un colosse aux pieds d'argile.

Le PNB, rappelons-le, mesure la totalité des biens et services produits dans un pays sur une période donnée (en général une année). Pour la plupart des pays occidentaux, il a augmenté plusieurs fois depuis la dernière guerre. Or, le PNB mesure absolument tout, sans discrimination aucune.

Plus vous construisez de prisons dans un pays, plus vous formez de policiers pour lutter contre le crime, plus vous augmentez le PNB. Plus vous avez de sidéens, d'alcooliques ou de drogués qui sont traités médicalement, plus le PNB va augmenter. Plus on vend de toilettes, de WC *high-tech* avec sièges chauffés et appareil intégré pour l'analyse d'urine et la pression sanguine (le dernier cri de l'hygiène japonaise), plus vous vendez d'objets de luxe totalement inutiles ou de tableaux de maîtres à 40, 50, 60 millions de dollars, plus la courbe du PNB va s'élever vers le ciel. Plus vous avez d'accidents de voiture ou de travail, plus les gens s'assurent contre des dangers imaginaires, achètent des parfums pour leurs chiens, mettent des serrures doubles ou triples sur leur porte parce qu'ils ont peur, plus cette soi-disant «richesse nationale» mesurée par le PNB va augmenter. Peu de calculs illustrent aussi clairement la phrase du grand statisticien français Alfred Sauvy qui disait: «Les statistiques sont des êtres sensibles et délicats, qui, soumis à la torture, livrent des aveux conformes aux désirs du bourreau.»

Les pratiques appliquées pour le calcul du PNB conduisent à des situations totalement aberrantes. Ainsi la pollution est non seulement comptée comme une richesse dans le calcul du PNB, mais elle peut être comptabilisée trois fois!

Une première fois quand elle est produite par l'entreprise X dans le cadre de la production de biens, une deuxième fois dans le cadre des mesures concrètes prises pour lutter contre la pollution, et une troisième fois à travers les soins médicaux donnés à ceux qui tombent malades à cause d'elle. Une «science économique» qui produit une telle bouillabaisse arithmétique ne tient-elle pas plus de la magie et de l'incantation que de la science? Et cette «richesse» qui est née d'une multiplication par trois de la « pauvreté » (car la pollution est une forme de pauvreté) ne sonne-t-elle pas un peu creux ?

Oui, on nous a fait croire – et nous avons été les premiers à vouloir le croire, cela allait dans notre sens, à nous Occidentaux, d'être à la pointe du progrès – que nous nous enrichissions, que notre bien-être augmentait. Et pendant un certain nombre d'années, cela a été effectivement le cas. Je ne souhaiterais à personne de vivre comme certaines familles ouvrières que j'ai visitées en Suisse au début des années 1950, confinées dans des logements insalubres, mangeant des pommes de terre tous les jours, ne pouvant payer des vacances à leurs enfants.

Mais imperceptiblement, nous avons franchi un seuil, un Rubicon lourd de conséquences. Nous avons érigé l'accumulation matérielle en fin en soi. Nous avons même avalé l'argument que le système économique exigeait cette consommation frénétique pour survivre, car cela nous évitait de nous remettre en question. Pareil à l'homme riche de la parabole, nous avons tellement accumulé que nous avons décidé de construire des greniers plus grands pour tout conserver. En exergue de ce chapitre, nous avons mis une citation d'Hubert Beuve-Méry, le fondateur du journal *Le Monde*, nous exhortant à éviter une situation où l'accumulation des moyens matériels aboutirait à étouffer ce qui donne un sens à la vie. Or, c'est exactement ce que nous avons fait.

Pourtant, le plus grave dans tout cela est que nos plus hauts responsables politiques et nos soi-disant « maîtres à penser » intellectuels ***ne voient aucune alternative au système actuel que la course en avant.*** C'est d'ailleurs exactement ces mêmes termes qu'utilise le premier spécialiste mondial de la compétitivité, le professeur Stéphane Garelli du célèbre IMD, Institut International pour le Développement du Management à Lausanne, école de business mondialement connue, qui publiait annuellement (jusqu'en 1995) un rapport sur la compétitivité mondiale (World Competitiveness Report) que s'arrachaient les managers du monde entier. Dans une interview accordée à un journal romand en février 1995, cet expert éminent reconnaît que « nous jouons aux apprentis sorciers. Nous faisons beaucoup de choses simplement parce que d'autres le font. Nous n'avons pas encore suffisamment réfléchi sur les conséquences de tout cela sur la société. » Pourtant, à la question du journaliste: «Malgré les solutions partielles, n'assistons-nous pas à une fuite en avant collective ?» (entendez: sur le plan économique) cet éminent spécialiste donne cette réponse stupéfiante: «Oui. ***Mais il n'y a rien d'autre à faire***, à moins de pouvoir convaincre le reste du monde à ne pas vouloir innover ni s'enrichir. »[20] (Souligné par nous)

Il existe ***toujours*** des alternatives ! A commencer par vivre plus simplement, ici dans le Nord. Cela nous donnerait alors le droit de convaincre le monde de ne pas imiter notre modèle de développement humainement et écologiquement suicidaire. Nous pourrions commencer à définir la richesse autrement qu'en termes matériels (partie II de ce livre). Il existe toujours des alternatives dans la vie – ***mais souvent, il manque la volonté individuelle et politique, et le courage moral, de les envisager, voire de les appliquer.***

Car la vie, nous le réalisons tous, est bien autre chose que cette accumulation matérielle sans fin que nous offre la société de consommation, et qui devient vite lassante. Peut-être Mère Teresa nous donne-t-elle une première piste dans son poème, reproduit ci-contre, intitulé *La Vie*, composé pendant une nuit d'orage dans une colonie de lépreux en Inde, et rapporté par Dominique Laporte dans son ouvrage *Plus grands que l'amour*.

Ai-je vraiment saisi les chances que la vie m'offrait ?

Est-ce que je vois l'extraordinaire beauté de la vie ?

Est-ce que je savoure la béatitude de la vie ?

Est-ce que j'ai osé, non seulement rêver, mais me permettre de croire que je pouvais réaliser mes rêves, que c'est permis de les réaliser – et même recommandé ?

Ai-je relevé les défis que me lançait la vie ?

Ma vie est-elle tellement grave qu'il n'y a plus de place pour le jeu ?

Est-ce que je vois la vie comme ce trésor unique dont chaque jour m'est donné pour une seule fois ?

Ma vie déborde-t-elle de cet amour qui seul donne un sens à tout ?

Ai-je tenu les promesses que je m'étais faites, encore jeune ?

La tristesse de la vie peut-elle résister à un cœur plein de compassion ?

Ne pourrions-nous pas commencer à changer de vie ?

La vie est une chance,
saisis-la.

La vie est beauté,
admire-la.

La vie est béatitude,
savoure-la.

La vie est un rêve,
fais-en une réalité.

La vie est un défi,
fais-lui face.

La vie est un devoir,
accomplis-le.

La vie est un jeu,
joue-le.

La vie est précieuse,
prends-en soin.

La vie est une richesse,
conserve-la.

La vie est amour,
jouis-en.

La vie est un mystère,
perce-le.

La vie est une promesse,
emplis-la.

Le vie est tristesse,
surmonte-la.

La vie est un hymne,
chante-le.

La vie est un combat,
accepte-le.

La vie est une tragédie,
prends-là à bras-le-corps.

La vie est une aventure,
ose-là.

La vie est bonheur,
mérite-le.

La vie est la vie,
défends-la.

SECONDE PARTIE

Comment vivre plus simplement ?

« La simplicité volontaire exige des conditions tant intérieures qu'extérieures. Elle implique une intention non divisée, la sincérité et l'honnêteté intérieures tout comme un environnement non encombré, l'absence de possessions qui ne soient pas directement reliées au but principal de la vie. Cette simplicité demande que nos énergies et nos désirs soient mis en ordre et guidés. Elle demande que l'individu sache se restreindre dans certains domaines en vue d'assurer une plus grande abondance de vie dans d'autres. Elle implique une organisation délibérée de la vie pour la réalisation d'un but. »

RICHARD GREGG, écrivain anglais

CHAPITRE TROISIÈME

Redéfinir les termes

Vivre, c'est définir

«Malheur à l'homme qui, au moins une fois dans sa vie, n'a pas tout remis en question», écrivait Pascal. Dans la vie, il y a certaines choses que nous remettons en question baucoup plus difficilement que d'autres: ce sont les définitions sur lesquelles nous fondons finalement toute notre vie. Neil Postman, professeur de communications à l'Université Columbia de New York, a bien cerné ce que sont vraiment les définitions quand il écrit: *«Les définitions, comme les questions et les métaphores, sont des instruments pour penser: leur autorité repose entièrement sur leur utilité, non sur le fait qu'elles seraient 'correctes' ou non... Une définition contient en elle un certain point de vue philosophique, sociologique ou épistémologique... La définition d'une chose est en général le point de départ d'un débat, non sa conclusion.»*[1]

Nos définitions des choses sont des lunettes de couleur à travers lesquelles nous interprétons la réalité.

Pour la plupart d'entre nous, une roche est de la matière solide, composée de granite, de quartz ou toute autre substance «dure». Un physicien y verra avant tout de l'énergie, un espace vide où se promènent quelques microparticules. Les peuplades dites «primitives» du Tiers-Monde étaient pour les colonisateurs des païens sans âme, tout juste bons à devenir des esclaves. Aujourd'hui, nous reconnaissons dans beaucoup de ces populations nos maîtres à penser dans l'établissement de relations harmonieuses avec l'environnement. Pour certains lecteurs de ce livre, l'avortement est peut-être un crime impardonnable, pour d'autres un mal nécessaire, voire une technique pratique permettant de pallier les oublis contraceptifs. Nous voyons la réalité à travers nos définitions des choses. Ces dernières constituent les lunettes de couleur à travers lesquelles nous filtrons tous les événements et créons notre réalité. En dehors de ces définitions, même les faits n'existeraient pas. Sans définitions, nous ferions face à une masse d'impressions sans sens, sans liens, sans cohérence.

Nos définitions de la réalité ont donc des conséquences extraordinairement importantes sur nos vies, tant sur le plan collectif qu'individuel. Elles façonnent totalement notre réalité. Il n'est pas excessif de dire qu'il est impossible de vivre sans définitions. Vivre est un continuel processus de définition et de redéfinition.

Malheureusement pour notre autonomie, nous acceptons trop souvent les définitions de la société ou de nos proches sans jamais les mettre en question. C'est le cas du PNB mentionné plus haut. Cet indice fut intronisé pendant quarante ans comme le grand prêtre de l'économie mondiale, avant que l'on ne commence à réaliser que ce prêtre réduisait en esclavage ceux qui lui rendaient un culte.

Jeune étudiant à l'Université de Berne, j'ai accepté sans ciller quand notre professeur d'économie politique décrivit les ressources naturelles – la terre, l'eau, l'air, etc. – comme des *freie Güter*, des biens libres. Entendez par là qu'il s'agissait pour lui (et tous les économistes de l'époque) de biens pour lesquels l'être humain n'avait pas à payer, que la nature mettait «gratuitement» à sa disposition. Tant Marx que les économistes classiques avaient religieusement accepté ce point de vue. Notre professeur et nous-mêmes le répétions comme une liturgie bien mémorisée. J'acceptai cette définition moi aussi, sinon religieusement, du moins avec la naïveté du jeune étudiant qui s'imaginait entendre un discours «objectif» et «scientifique».

Quelques années plus tard, à la fin des années 1960, après un certain temps passé en Afrique, j'étais de nouveau étudiant, cette fois à l'Université du Michigan aux Etats-Unis. La presse rapporta que la rivière Cuyahooga, qui coule à travers la ville industrielle de Cleveland, avait pris… feu, tant elle était chargée de polluants industriels. C'était la conséquence directe de la définition de la nature comme chasse gardée de l'homme, taillable et exploitable à merci, répétée pieusement pendant 150 ans par des générations d'économistes. Puis soudain, au début de années 1970, on réalisa que quelque chose clochait avec la définition des êtres humains que le philosophe français Descartes voyait comme les « maîtres et propriétaires » de la nature. Cette définition purement « utilitariste » de la nature – au sens où on concevait cette dernière comme une chose devant servir à la satisfaction des besoins de l'être humain – a failli nous conduire à notre perte (et la partie est encore loin d'être gagnée). Une fausse définition de la nature a eu pour conséquence un désastre historique sans précédent.

Il n'est peut-être pas excessif de dire que l'avenir de la planète dépend en grande partie de la redéfinition de deux termes clés : « assez » et la « vraie richesse ». En effet, tant que la richesse et la quantité de choses dont un individu pense avoir besoin pour être heureux sont définis avant tout en termes matériels, en termes d'objets de consommation, dans le cadre du système économique actuel, les habitants du globe en voudront toujours plus, ce qui conduira nécessairement à une impasse. Cette impasse sera de nature spirituelle – il est impossible de fonder un bonheur profond sur le matérialisme et la consommation – et concrète : la surconsommation matérielle et la croissance économique matérielle ont des limites définies par la taille et la structure de notre planète. (Qu'on ne nous parle pas d'émigrations massives vers d'autres planètes : ce serait le paroxysme de la fuite en avant, car, comme l'a écrit l'économiste allemand Wolfgang Sachs, rien n'est aussi irrationnel que de se précipiter avec le maximum d'efficacité dans la fausse direction.)

Cette redéfinition devra être reliée à une prise de conscience de l'interdépendance de toutes choses sur la planète et dans l'univers. Ce sont les thèmes que ce chapitre va aborder.

C'est quoi, avoir «assez»?

> «Le perfection est atteinte non quand il n'y a plus rien à ajouter, mais plus rien à ôter.»
> ANTOINE DE SAINT-EXUPÉRY

L'économiste Manfred Max Neef a dit que la définition de ce qui constitue «assez» pourrait devenir une des questions les plus cruciales de cette fin de siècle. «Dans l'avenir, écrit-il, toutes les politiques de développement devraient être basées sur une question fondamentale. Cette question devrait être posée au niveau des gouvernements et des entreprises, aussi bien qu'au niveau communautaire et individuel. Je la considère comme la question peut-être la plus importante que nous puissions nous poser aujourd'hui: ***c'est quoi, avoir assez***?»

Dans un best-seller américain écrit par un ex-financier de Wall Street – reconverti à la vie simple – et sa compagne, *Your Money or Your Life* (La bourse ou la vie), Joe Dominguez et Vicki Robin définissent «assez» de façon fort perspicace: ***«Avoir assez, disent-ils, ne signifie pas avoir la quantité minimum pour survivre, c'est la quantité exacte de ce qui vous donne une réelle satisfaction sans excès.»***[2]

Cette définition souligne trois points fondamentaux:

1. «Avoir assez» ne doit pas être défini de façon ascétique. Peu de personnes sont attirées par l'ascétisme, et jamais les gens n'adopteront une vie plus simple si on leur prêche le minimum. Notre merveilleuse planète a de quoi fournir une abondance décente à des milliards de personnes en plus – à condition d'être gérée intelligemment, avec un peu moins de rapacité et un peu plus d'amour, en évitant le gaspillage insensé qui caractérise notre époque et le viol de la nature qui l'accompagne.

Richard Gregg relate une discussion sur la vie simple qu'il eut avec le Mahatma Gandhi. Gregg expliquait qu'il lui était facile de se passer de la plupart des possessions matérielles, mais qu'il avait très envie de garder ses livres, auxquels il était extrêmement attaché. Gandhi lui répondit: «Alors conservez-les. Aussi longtemps que vous tirez un réconfort intérieur et une aide de quoi que ce soit, vous devriez le garder. Si vous abandonniez la chose dans un élan de sacrifice de soi ou par un sens sévère du devoir, vous continueriez à la vouloir en retour, et ce besoin insatisfait vous dérangerait. N'abandonnez quelque chose que si vous désirez quelque chose d'autre tellement intensément que cette première chose n'a plus d'attraction pour vous, ou si cette première chose semble contrarier l'autre chose que vous désirez plus.»[3]

Par exemple, si j'abandonne ma voiture par un sentiment de culpabilité ou de devoir poussé à l'extrême, je n'aurai sans doute pas un grand plaisir à faire de grandes balades en vélo le dimanche. En revanche, si je me sépare de ma voiture parce que j'ai un grand désir de m'acheter un petit voilier dériveur, ou parce que je sais que garder ma voiture m'empêcherait de me remettre en forme physiquement, ce à quoi je tiens énormément, alors je suis sans doute prêt à l'abandonner.

Quand au milieu des années 1960, j'eus mon premier emploi rémunéré, je caressai le rêve de posséder une voiture vraiment belle – une Rover anglaise (à l'époque symbole de prestige certain). Puis un jour, je réalisai avec amusement *que je courais après quelque chose qui existait uniquement dans mon esprit* – la valeur que j'attachais à un certain objet. Alors j'achetai une Mini Morris d'occasion pour une bouchée de pain et partis en Algérie. Après neuf mois de réparations coûteuses, je vis un jour très clairement que je me compliquais inutilement la vie (je travaillais pour un salaire très modeste), et je vendis rapidement la voiture en question, sans le moindre regret. C'était en 1966. Je n'en ai jamais racheté depuis.

Soyons donc parfaitement clair: ***le livre que vous lisez ne propose pas le renoncement ou l'ascétisme sous une forme quelconque.*** Il suggère simplement de prendre conscience de la vraie valeur des choses (et vous ***seul*** pouvez la définir pour vous), afin de mettre chaque possession à sa juste place dans ***votre*** hiérarchie des valeurs et par là acquérir une qualité de vie meilleure.

2. La définition de «avoir assez» est nécessairement éminemment subjective. Elle variera non seulement d'une culture ou d'une classe à l'autre, mais changera chez le même individu à différentes périodes de sa vie, en fonction de son niveau de conscience. Ainsi, quand j'ai rencontré mon épouse, Elly, elle ne s'imaginait pas un instant qu'il fût possible de vivre sans voiture. Pendant vingt ans, sa voiture avait été son bureau ambulant, son taxi, son boudoir, sa source d'indépendance. Aujourd'hui, elle éclate de rire, avec ce rire lumineux et rayonnant qui est le sien, si on lui propose autre chose que les transports publics.

Dans un livre récent, l'écrivain danois Tor Nørretranders définit l'intelligence comme la faculté de se débarrasser de toute information superflue[4]. J'avoue que c'est la première fois de ma vie que j'ai trouvé une définition de l'intelligence qui me séduit. Le paraphrasant, on pourrait dire qu'***avoir assez est simplement l'état que ressent une personne qui s'est débarrassée de toute possession superflue.***

3. Si «assez» signifie éviter l'excès, le superflu, comment alors définir ce dernier ? Dominguez et Robin nous offrent une piste intéressante quand ils disent que «le gaspillage ne réside pas dans l'abondance des possessions, mais dans le fait de ne pas en jouir»[5]. On peut ajouter: dans l'incapacité de ressentir de la gratitude.

Nous avons vu comment notre société de consommation a tué chez tant de gens la capacité à ressentir de la gratitude. Or, cette dernière est peut-être la clé qui permet de départager entre «assez» et «trop». Quand vous fumez trois paquets de cigarettes par jour, vous ne ressentez probablement peu ou pas de gratitude, Mais si vous étiez prisonnier de guerre et gros fumeur, et si vous n'aviez le droit de fumer qu'une ou deux cigarettes par jour, gageons que votre reconnaissance serait immense pour chaque cigarette.

Quand, à l'instar du ménage occidental moyen, vous avez de l'eau en abondance au robinet, il est fort difficile d'éprouver de la gratitude. Mais si vous étiez une femme du village de

Sémari au Mali, village du pays dogon que je visitai à la fin des années 1980, et si vous deviez marcher quarante kilomètres par jour pendant la saison sèche pour chercher de l'eau, un simple puits dans le village représenterait l'abondance suprême. A l'époque, ces femmes se levaient à 3 ou 4 heures du matin pour marcher sur des pistes caillouteuses et souvent escarpées, par des températures atteignant 45 degrés à l'ombre – mais elles marchaient au soleil.

Avoir sept ou huit miels différents dans votre garde-manger, si réellement vous les appréciez, n'est pas du gaspillage et peut être votre façon à vous d'exprimer votre «assez», car vous ne les consommerez pas nécessairement plus rapidement que si vous n'aviez qu'une sorte de miel que vous renouvelez plus souvent. La variété est une chose merveilleuse, à condition d'être pratiquée avec modération – une modération que notre société a laissée loin derrière elle.

J'ai vécu cinq ans à côté d'un bidonville à Dakar, où les gens étaient parfois entassés littéralement comme des sardines. Mais même dans la famille africaine normale où les gens, selon nos lunettes de couleur d'Occidental, vivent «les uns sur les autres», les gens se sentent très bien, et sans doute bien mieux que dans tant de nos ménages où la communication se fait par écran de télévision interposé. Pour ma part, avec mon éducation d'Occidental, je sens un besoin impératif d'avoir mon espace privé, y compris dans la vie de couple, et j'aurais beaucoup de peine à vivre longtemps dans une famille africaine type. Cet espace privé, qui serait un luxe pour mon ami africain Alidou, logé dans une petite concession avec ses deux épouses et ses 5 enfants, son frère avec ses quatre épouses et quatorze enfants, cet espace fait partie de mon «assez», et je l'accepte comme tel.

Définir «assez» implique nécessairement la définition de la notion jumelle de «superflu». On pourrait définir le superflu comme ***toute chose qui n'a pas d'utilité, de rôle, ou de fonction significative dans notre vie, mais qui occupe ou encombre notre espace physique et mental.***

Comprendre la notion d'espace (et d'encombrement) mental est très précieux pour qui veut apprendre à vivre plus simplement. Toute personne dans notre vie, toute possession physique ou tout objet matériel (même si nous avons oublié que nous le possédons), tout problème personnel ou mondial, toute relation humaine non résolue, etc., occupe une certaine place dans notre espace mental subconscient et nécessite une certaine dépense d'énergie psychique simplement pour le ou la maintenir en place, en conserver ou refouler le souvenir. Plus vous avez de possessions superflues, plus votre subconscient (et souvent le conscient) est encombré par l'énergie de cette chose, cette relation, ce problème, ce souvenir.

L'être humain a une mémoire absolument prodigieuse (même si beaucoup de gens ont de la peine à se rappeler une information stockée dans la mémoire). Ainsi chaque objet que vous avez acheté et inutilement stocké encombre votre espace mental. C'est pour cela que tant de personnes riches expriment une grande lourdeur mentale: leur esprit est tellement encombré des fantômes de leurs possessions, qu'elles ont souvent peu de place pour les choses plus importantes de la vie.

Petit tabouret de vacher: pourquoi ne testeriez-vous pas la véracité de ces affirmations en faisant un grand nettoyage chez vous. Triez systématiquement vos vêtements, livres, disques, CD, bijoux, bibelots et autres possessions. Gardez ce dont vous pouvez vraiment jouir – et donnez le reste. Si vous êtes comme la plupart des gens, vous passerez une journée merveilleuse et vous jouirez ensuite d'un sommeil léger, léger, léger. Peut-être même que certains maux physiques dont vous souffrez disparaîtront.

Pour ma part, j'ai pris l'habitude de «ratisser» ma bibliothèque tous les 3-4 ans et de donner tous les livres qui ne me sont plus utiles ou que je ne désire plus garder. Cela m'évite d'avoir à continuellement ajouter des rayons pour accumuler des livres que je n'utiliserai probablement plus jamais ! (Vous pouvez les envoyer au Don du Livre créé par l'éditeur de cet ouvrage au bénéfice de pays du Sud.)

Qu'est-ce que la vraie richesse?

Depuis des milliers d'années, l'humanité dans sa vaste majorité définit la richesse en termes essentiellement matérialistes. Tant que la masse des êtres humains se débattaient dans la pauvreté, que leur énergie était centrée sur la solution de problèmes matériels immédiats – que manger demain ? comment me loger ? me soigner ? – c'était plus que compréhensible. Mais aujourd'hui, à une époque où l'humanité, si elle le veut vraiment, peut supprimer la pauvreté matérielle extrême de la planète en moins d'une génération, nous nous devons de redéfinir la richesse en termes moins matérialistes.

Plus que jamais les médias décrivent le succès et la richesse en termes d'argent et de possessions (que ce soit de voitures, villas, femmes, actions, etc.). Chaque année, des revues internationales connues publient la liste des 100 ou 500 personnes les plus riches de la planète. En 1994, la presse mondiale mentionnait que tel financier nord-américain connu avait fait, en septembre 1992, en spéculant contre la livre sterling, un bénéfice personnel de 1 milliard de dollars en une semaine, un record absolu. Cette somme engrangée par un seul homme représente le revenu annuel de 4 millions de Maliens ou de près de 14 millions de Mozambicains (pays le plus pauvre matériellement de la planète). Et ce sont les bénéfices d'un seul homme ! Un monde où un seul homme peut gagner par la spéculation, en quelques jours, le revenu quotidien du milliard d'habitants du globe qui survivent avec un dollar par jour, ce monde n'est sûr pour personne, même pas pour les riches.

Un éditorialiste romand parlait à la fin de 1992 de « l'attirance de l'argent promu comme valeur centrale par une société qui ne cesse de l'exalter. Dans sa vie quotidienne, l'homme de la rue est tenté de ne plus exister que par ce qu'il gagne, par la place que ses ressources lui permettent d'occuper dans la collectivité. » Plus grave encore, nous avons vu que par la TV, le Nord est en train de vulgariser ce modèle du « succès » à l'échelle du monde entier. Les habitants du Tiers-Monde n'ont souvent pas de quoi manger, mais, des favellas de São Paolo aux bidonvilles de Djakarta, en passant pas ceux de Nairobi ou Bombay, ils ont la TV... et Dynasty.

Redéfinir la richesse devient un des impératifs les plus pressants de notre époque, tant la faillite du modèle occidental à produire le bonheur devient chaque jour plus patent.

Peu avant la conférence de Rio de Janeiro sur l'environnement en 1992, un des «managers» les plus respectés de la planète, qui fut en même temps le secrétaire général de cette rencontre, Maurice Strong, fit une déclaration étonnante venant de la part d'une personne qui a la réputation d'être, comme disent les Nord-Américains, un *hard nosed businessman*, un homme d'affaires ultra-réaliste, avec les pieds bien sur terre. Dans une longue interview accordée au *Journal de Genève* dans lequel il parlait des changements nécessaires à la survie de la planète, il affirma entre autres: *«Je suis convaincu qu'en dernière analyse, ce qui compte ce sont nos motivations les plus profondes, éthiques, morales et spirituelles. Toutes les grandes religions et philosophies ont enseigné* ***la vie simple,*** *l'amour du prochain, la coopération avec autrui. Aujourd'hui nous devons réaliser qu'il ne s'agit plus d'idées pieuses et impraticables, mais de nécessités concrètes pour notre avenir. A mon avis,* ***la redécouverte de l'éthique et des spiritualités traditionnelles constitue la clé absolument indispensable à notre survie.*** *Je ne parle pas de cela tous les jours, mais c'est ce que je pense.»*[6]

Si ces paroles avaient été prononcées par une personnalité religieuse connue, on pourrait dire: «C'est son métier.» Mais venant d'un des managers les plus avisés de la planète, qui tutoie les PDG des plus grandes multinationales, cela doit nous interroger.

Or, que nous enseignent les grandes spiritualités de l'humanité? Elles nous apprennent toutes que la vraie richesse est intérieure, est spirituelle; que chacun a en lui, en elle, un centre de paix, de lumière et d'amour inconditionnel, même si la plupart des gens n'en ont pas encore pris conscience. Seul cet espace intérieur reste totalement à l'abri des fluctuations économiques et matérielles de toutes sortes. Seul cet espace que les mystiques soufis comparent à un jardin intérieur peut apporter la satisfaction totale, l'épanouissement ultime à côté duquel l'accumulation matérielle devient bien légère et sans substance.

A ceux qui croiraient que l'optique de Maurice Strong est l'apanage de ceux du Nord qui baignent dans la prospérité matérielle, on doit apporter un déni catégorique. Même parmi certains deshérités du Sud, on commence à réaliser que le « développement » que le Nord veut leur vendre n'est qu'un miroir aux alouettes, un plat de goulasch qu'on leur sert en échange de leur âme. Ainsi, lors d'un voyage que je fis à la fin des années 80 dans plus de 100 villages africains de l'Est, du Sud et de l'Ouest de l'Afrique, je visitai au Sénégal une organisation paysanne, l'Entente de Bamba-Tialène, dont les membres avaient décidé de bannir totalement la télévision de leur village, soulignant que cette dernière véhiculait des valeurs qui leur étaient totalement étrangères.

L'anecdote la plus frappante sur cette question me fut racontée par mon ami Mamadou Cissokho, un des grands leaders paysans de l'Afrique de l'Ouest. De jeunes agriculteurs de son village effectuaient des échanges avec des paysans français : chacun allait habiter quelques semaines chez l'autre. Après deux semaines chez un agriculteur français, le jeune Sénégalais discute avec son ami de ce qu'il a appris chez lui. A un moment, il s'exclame :

« Tu sais, je te plains vraiment.

– Tu me plains ? Mais que veux-tu dire ? s'exclame le paysan français stupéfait.

– Tu vois, je viens de passer deux semaines chez toi. Chez nous, la vie, c'est travailler ensemble et adorer Dieu. Or, pendant les quinze jours que j'ai passés chez toi, je ne t'ai jamais vu prier. Jamais tu n'es allé à l'église, alors que tu te dis catholique.

_ …mais t'as vu la pile de boulot que j'ai, reprend l'autre.

– C'est justement ça le problème. Pendant tout mon séjour ici, tu n'as jamais une fois rendu visite à un parent ou un ami, et jamais parent ou ami n'a mis les pieds chez toi. Toi et ta femme vous travaillez, travaillez, travaillez sans arrêt, du matin jusqu'au soir, dimanches compris. A midi, tu manges même un sandwich en vitesse sur ton tracteur.

– Mais tu sais que j'ai des dettes jusqu'au cou. Je te l'ai expliqué.

– Exactement. C'est là que ça cloche. Si au moins c'était pour t'enrichir toi que tu travaillais autant... Mais tu travailles uniquement pour enrichir ton banquier. Tu ne travailles même pas pour toi. Finalement, je suis mieux chez moi.»

Et de retour au village natal, le jeune paysan sénégalais disait à qui voulait l'entendre qu'ils se trouvaient bien mieux chez eux.

N'y a-t-il pas une vulgarité désolante à étaler ses possessions matérielles – et de faire passer cela pour un reflet de la richesse ? Voitures par habitant, téléphones par habitant, tonnes d'acier produites, nombre d'habitants par médecin, mètres carrés par personne logée, etc., la liste est infinie, il suffit de prendre les statistiques de la Banque mondiale. Et cela dans des pays où les divorces, les drogués et les suicides se multiplient, où le sida devient une nouvelle forme de peste, où les symptômes psychosomatiques et mentaux touchent à un moment ou un autre de leur vie presque tous les individus, où l'on passe son temps à courir, courir, courir toujours plus pour aller on ne sait où, où le nombre d'exclus augmente d'année en année, où les gens se sentent de plus en plus solitaires (au point que le suicide devient chez les personnes âgées une cause importante de décès), où certaines personnes âgées n'ont plus aucun contact avec leurs propres enfants qui habitent pourtant à quelques kilomètres de chez eux... Et la liste peut s'allonger... C'est cela, la «société d'abondance» dont on parlait si fièrement dans les années soixante-dix et quatre-vingt ?

N'est-ce pas finalement la marque d'une extraordinaire insécurité intérieure de croire qu'on existe avant tout par la valeur de ses possessions, son compte en banque ou les indicateurs socio-économiques qui définissent la «réussite» d'un pays ? Et n'y a-t-il pas une arrogance égale à décrire comme «pauvres» des nations où la qualité des relations humaines, le vécu du temps, la solidarité, le sens du sacré sont tellement supérieurs au vécu de nos sociétés affectivement et spirituellement affamées?

Existons-nous d'abord par les signes extérieurs de richesse ou de prestige, ou par notre capacité à aimer? à donner? à partager la joie? à exprimer la compassion? à vivre sereinement? à faire confiance aux autres? à rendre le bien pour le mal – peut-être la chose la plus difficile à réaliser sur cette terre?

D'ailleurs, la sagesse populaire ne s'y trompe pas.

Je doute que plus d'une personne sur mille en Occident soit capable de citer les trois ou quatre personnes les plus riches de la terre. Mais très rares sont ceux (dans les pays francophones) qui ne connaissent pas Mère Teresa ou l'Abbé Pierre.

Louise Hay, une Américaine qui fait un travail remarquable avec les sidéens, rappelle que nous ne sommes pas venus sur cette terre pour faire plaisir aux autres ou pour vivre selon leurs normes. Nous ne pouvons vivre notre existence que selon nos propres normes, et non celles des autres – aussi respectables que soient ces «autres» (famille, église, etc.). Quand nous quitterons cette terre, conclut-elle, nous n'emporterons aucun de nos trésors, ni notre voiture, ni notre compte en banque, ni, peut-on ajouter, notre réputation. ***La seule chose que nous emporterons avec nous est notre aptitude à aimer.***

C'est peut-être aussi la richesse ultime.

C'est certainement la seule chose que ni les bourrasques économiques, ni les crises politiques, ni la pollution ni la maladie, ni les voleurs ni l'inflation, ni les accidents ni aucun autre aléa de l'existence ne peuvent vous prendre.

(Avant de lire les lignes suivantes, prière de vider votre tasse de thé comme le recommande l'histoire zen au début de la préface.)

Redéfinir la richesse dans un sens non matérialiste implique son corollaire: redéfinir la pauvreté. Voici une suggestion: ***la vraie pauvreté, c'est ce que je ne fais pas pour mon prochain, alors que j'aurais les moyens de le faire.***

Il n'est pas excessif d'avancer qu'une telle définition de la pauvreté, si elle était généralement acceptée et surtout pratiquée, représenterait une révolution majeure à l'échelle de notre planète, que ce soit entre nations ou individus. Car quelle pauvreté plus grande peut-il effectivement exister que de vivre dans l'abondance du savoir et des biens quand d'autres, pratiquement sur notre pas de porte, se débattent dans la misère et le manque d'information la plus élémentaire ?

On peut postuler qu'aujourd'hui, à l'aube du vint-et-unième siècle, posséder une voiture de très haut standing (VTHS) pourrait bien être un signe de pauvreté, être cycliste un signe de richesse. En effet le propriétaire de VTHS a mobilisé une armée d'ingénieurs, ouvriers spécialisés, cadres et professionnels de toute sorte pour se donner le droit exclusif d'utiliser un engin occupant en général une grande surface, dévoreuse d'essence, pollueuse à souhait de l'environnement, bref de monopoliser des ressources qui pourraient être utilisées bien plus intelligemment, et cela pour son privilège exclusif et peut-être un brin égoïste.

Car le propriétaire de VTHS – et bien sûr de beaucoup d'autres consommations de luxe – gaspille les ressources de façon étonnante, si on se rappelle notre définition du gaspillage comme toute utilisation non rationnelle de ressources. (A titre d'information, la valeur des ventes mondiales de produits de luxe – vêtements, voitures haut de gamme et les autres symboles de richesse – est deux fois supérieur au produit national brut des deux tiers des pays du monde, selon l'ouvrage de Durning[7].)

A contrario, quelle suprême simplicité que l'utilisation du vélo, quelle abondance de liberté, quelle utilisation optimale des ressources, QUELLE RICHESSE. Ivan Illich a décrit le vélo comme le moyen de transport le plus génial inventé dans l'histoire. Songez que le vélo utilise l'énergie de façon 53 fois plus efficace que la voiture standard (facilement 100 fois plus par rapport au VTHS). En fait, c'est le mode de transport thermodynamique le plus efficace au monde, ce qui explique que 850 millions de personnes en possèdent un. Depuis 1992, on en produit chaque année plus de 100 millions[8].

Le vélo est un instrument d'une souplesse extraordinaire – on le parque n'importe où, on peut traverser un feu rouge (à pied) s'il n'y a pas de trafic. Il permet toute sorte de raccourcis – à travers des travaux, en haut et en bas des escaliers (en le portant), et surtout il dépasse gaiement les files de voitures coincées dans le trafic urbain, faisant envie à des conducteurs engoncés dans les embouteillages. Bien que lors de mon séjour africain, je ne puisse prétendre avoir fait de transports zoologiques de TGM (très gros mammifères comme les éléphants, hippopotames, gorilles – les pneus ne résistant pas à ces poids), j'ai réussi à transporter des poids assez étonnants. Mais ce n'est rien comparé aux prouesses des paysans africains – sans parler des Vietnamiens qui gagnèrent la guerre contre les Américains en partie grâce au vélo.

La vie sans humour étant inconcevable, le lecteur me permettra de reproduire sur les pages qui suivent, sous forme de parenthèse détente, un hymne humoristique au vélo que j'ai publié il y a plus de dix ans dans l'excellente revue des enseignants romands *Educateur*[9].

Mais reconnaissons que le vélo n'est pas une panacée. Dans une ville très polluée, sur une artère à grande vitesse sans piste cyclable, le vélo a ses risques. Pour une mère de trois enfants vivant dans une banlieue mal desservie par les transports publics, une personne âgée ou handicapée, le vélo n'est pas une solution. Alors ensemble, inconditionnels de la voiture et du vélo et partisans des transports publics devront bien un jour s'entendre pour trouver une solution qui convienne à tous.

Après ce petit tour en vélo, revenons à la vraie richesse.

Cette dernière est aussi le roman d'amour extraordinaire que vit un ami avec sa femme. Quel milliardaire pourrait l'acheter – fut-il l'homme le plus riche (en francs) de la planète ? Cet ami laisse régulièrement à sa compagne des billets d'amour éparpillés dans l'appartement. Quand il voyage – souvent dans des contrées isolées du Sud où la poste ne fonctionne pratiquement pas – il lui laisse en partant un stock de cartes choisies pour leur élégance, avec un beau message – un pour chaque jour. Il fait de

SUR LE GUIDON, BIEN SÛR !

Utilisateur enthousiaste de cette extraordinaire invention, le vélo, je le considère comme étant d'inspiration céleste.

J'ai fait du vélo par –25 degrés dans la toundra canadienne, par 42 degrés au Sahel, des routes alpestres de la Suisse aux plaines du Sénégal et du Midwest américain. Le vélo est non polluant, silencieux, bon marché, facile à réparer, transportable à la main, plus rapide que n'importe quelle voiture dans un trafic urbain dense, agréable, sain, relaxant et simple. Bref, en tant que moyen de transport il est tout simplement sans rival.

En termes de l'IAA (Indice des Avantages Ajoutés), composé sur la base de cinquante années de cyclisme dans tous les climats et toutes les conditions imaginaires – depuis la pollution suffocante de la rue d'Aix de Marseille dans les années cinquante aux derniers contreforts du Kilimandjaro (enfin, presque), je peux affirmer avec une certitude scientifique (un pari peu risqué de nos jours) que, sur la base de l'IAA, seul le chameau commence à se comparer – et encore – au vélo.

Sur la base de l'IAA général (divisé en IAA du trafic urbain, ou IAATU, et l'IAA pastoral-alpin, ou IAAPA), le vélo atteint le score éblouissant de 963 points sur 1000, le chameau 772, et le supersonique Concorde 3. Le score plus que médiocre du Concorde tient au fait qu'il atteint –272 degrés (zéro absolu) sur la base de l'IAATU. De plus, vous ne pouvez emprunter le Concorde pour aller à l'épicerie du coin. (Vous pouvez prendre la voiture, mais cela pollue. Le chameau va très bien, mais il tend à créer des embouteillages parce que tout le monde vous regarde. Un vélo, c'est fait pour.)

J'ai fait du vélo un hiver entier à Ottawa. Bien sûr, mes collègues canadiens hochaient la tête à mon passage et me considéraient purement et simplement comme fou. Mais après tout, qu'attendre d'autre d'un type qui monte à pied les 19 étages allant à son appartement ? Il est vrai que pendant trois mois, je n'ai pas perçu un seul autre cycliste, et par –25degrés ma barbe était quasi solidifiée en arrivant au bureau. Mais il m'arrivait fréquemment, sur un trajet de dix kilomètres, d'aller plus rapidement que le bus local, et cela malgré des conditions dites NBE (neige boueuse épaisse).

Un des avantages suprêmes du vélo réside dans sa qualité de moyen de socialisation. Quand j'arrivai à Dakar en 1974, l'organisme canadien pour lequel je travaillais offrit de me payer non seulement une voiture, mais d'en assurer encore les frais d'entretien. Je refusai avec indignation. Oser offrir une voiture à l'inventeur de l'IAA ! Il faut être culotté.

Mon moment de triomphe suprême vint en août 1975, à Dakar, pendant la saison des pluies. Un matin, toutes les routes menant à Dakar étaient coupées à la suite d'un orage tropical d'une violence exceptionnelle. Pendant quelques instants, je me demandai comment gagner la ville. Construire un radeau prendrait trop de temps – et de toute façon, je n'avais pas assez de bois. Les voitures se traînaient à 15 km/h dans 25 centimètres d'eau (parfois beaucoup plus quand la route faisait cuvette). Il n'y avait qu'une réponse possible: mon fidèle et dévoué serviteur de tous les temps, mon ami de toujours, ma (presque) compagne: ma petite reine. Rapidement je mis des vêtements secs dans un sac plastique et affrontai le déluge.

Honteux et confus, les voitures et minibus en panne s'alignaient le long de la route. A un endroit, l'eau atteignait mes hanches.

J'arrivai au bureau, trempé mais triomphant, avec seulement douze minutes et demie de retard, comme un phoque émergeant de dessous l'Arche de Noé. Aucun autre collègue de banlieue ne réussit à joindre le bureau. Seule la modestie m'empêcha d'avertir les représentants locaux des agences France Presse et Reuter.

Un vélo est bien plus qu'un vélo. C'est aussi un moyen étonnant de se faire des amis. Pour atteindre mon petit bungalow, à Dakar, je devais marcher le long d'une plage sablonneuse. C'est comme cela que je nouai mes premiers contacts avec les pêcheurs lébous du coin. Si j'avais eu une voiture, j'aurais probablement traversé la plage sans même dire bonjour, comme les autres résidents. Mais il est impossible de passer à pied devant un pêcheur lébou - l'âme de la sociabilité - sans lui dire bonjour. Bien sûr, encore plus que mes amis canadiens, ils arboraient cette conviction tranquille que ***Toubab bi, dafa toff!*** (ce Blanc, il est complètement fou !). Mais nous plaisantions chaque fois que je passais. Vous imaginez-vous en train de saluer des pêcheurs africains en volant en Concorde à 10 000 m et par –80 degrés ? Difficile de sortir sa tête du hublot et de dire: ***Nanga def ?*** (comment ça va?) C'est comme cela que le pauvre Concorde atteint –272 points sur le IAATU.

Bien sûr, je n'ai pas encore battu le record familial détenu par feu mon père, ancien pasteur de campagne: 1928-1966 avec le même vélo. Mais il faut dire qu'on ne construit plus les vélos comme autrefois.

Une chose est certaine: pour mon centième anniversaire, je ferai une grande randonnée sur ma bicyclette. Ça vous intéresserait de venir avec moi ?

Sur le guidon, bien sûr.

même quand elle voyage. Il lui envoie des roses, voire des lettres à son bureau à elle, qui est pourtant à quelques centaines de mètres de leur appartement. Après quelques heures d'absence seulement, ils tombent dans les bras l'un de l'autre comme un marin breton tomberait dans les bras de sa fiancée après un tour du monde. Il répète à qui veut l'entendre que depuis qu'ils sont ensemble – plus de douze ans – il n'a pas connu une minute d'ennui. N'est-ce pas cela encore, la vraie richesse ?

La vraie richesse, c'est toujours et surtout celle de tous ceux qui se battent pour créer un monde qui fonctionne pour tous. C'est celle d'une infirmière qui veille un patient une nuit entière, la mère célibataire ou divorcée qui, avec des moyens modestes, élève avec courage ses trois enfants en réussissant à créer une vraie vie de famille malgré tous les aléas. La vraie richesse, c'est encore celle de telle serveuse ou vendeuse qui accueille chaque client avec le sourire, le scientifique qui s'acharne, sans soutien, à développer telle invention qui soulagera la souffrance des hommes. C'est encore le militant syndical qui consacre ses soirées et ses week-ends à garder allumée la flamme de la justice sociale dans un monde où tant de courants d'air voudraient l'éteindre.

La vraie richesse, c'est encore..., mais une fois de plus, amie lectrice, ami lecteur, je vous laisse la place pour la décrire en vos termes :

En fin de compte, la plus grande richesse de la planète, ne serait-elle pas constituée par les qualités humaines de ses habitants ? Quelle aberration et quelle superficialité à qualifier de « richesse » des centaines de millions de dollars gagnés en spéculant sur la bourse quand il est évident que la vraie richesse – celle qui a une substance durable, qui satisfait vraiment, que rien ne peut détruire – ne peut se situer qu'au niveau de notre humanité et de notre conscience.

Et la richesse suprême ne serait-elle pas au niveau du contentement intérieur, de l'absence du désir, comme l'indique le Bouddha, le psaume 23 ou la *Bhagavadgîtâ*, un des grands livres sacrés de l'Inde, qui avance: «Qui abandonne tous les désirs et vit et agit libre de tout appétit... atteint la paix. » (Il s'agit ici de désirs matériels ou égoïstes[10].)

Quelle sagesse y a-t-il à « perdre sa vie à la gagner » comme tant de nos contemporains, à travailler comme un fou pour la deuxième voiture, les vacances aux Seychelles, la villa grand standing, la hi-fi dernier cri... et passer à côté de l'essentiel ? Tant de gens s'épuisent dans le présent pour se payer une retraite « confortable » – et y gaspillent les meilleures années de leur vie. Dans ce monde il n'y a plus aucune sécurité matérielle absolue, même pour les plus riches. Pareil constat fut illustré de façon dramatique l'été 1994, quand un avion marocain s'écrasa parce que le pilote avait décidé de se suicider – entraînant tous les passagers dans son plongeon mortel.

On ne peut vivre dans un coffre de banque, fût-on gnome zurichois. N'importe qui peut être victime d'un Tchernobyl potentiel – atomique ou financier – d'un fou quelconque qui empoisonne des fruits ou des médicaments avec du cyanure, d'une secte Aoum qui asphyxie les usagers du métro avec du gaz sarin, d'un accident d'avion ou de voiture, d'une maladie nouvelle... La liste des dangers potentiels est longue.

Dans ce monde où la richesse est encore moins qu'autrefois un paravent contre l'imprévu, quelle joie d'apprendre à vivre plus simplement, butinant le nectar de l'instant présent ou travaillant pour un but auquel on croit totalement, jouissant de la richesse que personne ne peut dérober, cette richesse de celui qui a assez, plutôt que de chercher un « plus » qui, comme le mirage dans le désert, disparaît quand on croit l'atteindre.

Et quelle richesse plus grande, plus étonnante peut-il y avoir qu'une existence, dont chaque instant a un sens, parce que la vie entière d'une personne qui se laisse guider par un but altruiste clair trouve une cohérence de chaque instant ? Tous les actes d'une telle vie sont reliés comme par un fil invisible à ce compas intérieur que chacun de nous a en lui (encore faut-il en être conscient et s'y ressourcer). Le Mahatma Gandhi en prison était un des hommes les plus riches, les plus satisfaits de la terre. Ses geôliers, eux, se faisaient un souci immense, parce que ce petit homme à moitié nu allait amener à genoux l'empire le plus puissant et le plus riche de la planète. Peu de personnes ont eu une vie aussi exclusivement orientée vers un seul but, une vie aussi matériellement dépouillée que spirituellement riche, une vie aussi totalement cohérente parce que soumise dans toutes ses dimensions au but poursuivi. C'est ce qui faisait dire à Gandhi : «Je n'ai pas l'ombre d'un doute que n'importe quel homme ou femme peut achever ce que j'ai achevé, si il ou elle faisait le même effort pour cultiver le même espoir et la même foi. »

Le Mahatma disait encore : « La terre a assez pour couvrir les besoins de chacun, mais pas pour couvrir l'avarice (l'égoïsme) de chacun. » (L'original anglais dit : «The earth has enough for every man's need, not for every man's greed. ») Dans un monde où 20 % de la population au Nord utilise 75 % des ressources mondiales, ces paroles ont encore plus de force et d'urgence que lorsqu'il les prononça.

« La richesse d'un homme se mesure à l'aune de ce qu'il sait laisser de côté », disait au siècle passé H.D. Thoreau, un des précurseurs des écologistes modernes. Peut-être serait-il temps que nous, pauvres riches du Nord, apprenions à poser ces bagages superflus qui commencent vraiment à devenir encombrants. «Un petit peu qui dure vaut mieux qu'une grande quantité qui soudain s'épuise », ajoute un proverbe yéménite.

A bon entendeur, salut.

Un monde totalement indépendant

Une des prises de conscience les plus frappantes de ces dernières années est celle de l'interdépendance de tous les phénomènes sur la planète. Les médias ont vulgarisé depuis longtemps la notion que le changement de cap du vol d'un papillon peut déclencher une tornade à l'autre bout du monde (le fameux «effet papillon») – façon poétique de souligner cette interdépendance. Un physicien célèbre, David Bohm, a dit que lorsqu'un électron vibre, l'univers entier est secoué – autre métaphore pour illustrer la même idée.

Sur le plan économique et social, cette interdépendance est de plus en plus frappante. La découverte d'un édulcorant puissant par un chimiste américain dans les années 1970 causa la mort de centaines d'enfants sur l'île de Negros, aux Philippines, à l'époque entièrement consacrée à la monoculture de la canne à sucre, où des milliers d'ouvriers agricoles sans terre travaillaient dans des conditions proches de l'esclavage. Une hausse d'un pour cent du taux bancaire américain dans les années 1980 causa une hausse substantielle de la dette des pays latino-américains, d'où coupe dans les budgets de la santé et de l'éducation, avec les suites que l'on imagine. L'augmentation dramatique de la dette de la Bolivie s'est soldée par une très forte augmentation des exportations de cocaïne, cocaïne que consomment essentiellement nos jeunes qui meurent d'*over-dose*, comme l'a illustré Susan George dans son ouvrage frappant, *L'effet-boomerang*, où elle décrit une série de liens d'interdépendance tout aussi frappants à l'échelle du globe[11]. L'industriel français Michel Albert «délocalise» (transfère) sa production industrielle de France à Moscou, où les ouvrières gagnent 1/70 de ce que gagnent les ouvrières françaises (pour une semaine de cinquante-deux heures), tout en envoyant des centaines de ces dernières au chômage[12]. Nous achetons «en action unique pour quinze jours» à des prix bradés (sur lesquels nous bondissons) des tapis farbriqués au Pakistan par des enfants qui reçoivent environ une roupie par jour (cinq centimes suisses) pour des journées de douze heures. S'ils s'endorment au travail, ils doivent payer une amende. Souvent, ils sont attachés à leur métier. Autant dire qu'ils sont esclaves.

Swissair a depuis belle lurette exporté (délocalisé) toute sa comptabilité à Bombay, où la traitent des comptables de très haut niveau qui gagnent une fraction du salaire des comptables suisses. Une sécheresse dans le Midwest américain suscite des émeutes dans des capitales africaines parce que le prix du pain a flambé. Les guerres civiles et la pauvreté dans le Tiers-Monde envoient des centaines de milliers de réfugiés politiques et économiques vers les pays du Nord. Au printemps de 1993, le président Diouf du Sénégal était interviewé par la télévision française et expliquait que si l'Europe n'aidait pas l'Afrique a surmonter sa pauvreté, ce n'est pas par milliers que les Africains viendraient en Europe, mais par millions. «Et on n'arrête pas la mer avec les mains» ajoutait-il.

Au chapitre deux, nous avons vu comment des pesticides utilisés dans les champs américains se retrouvent dans le foie des ours polaires, les coquilles des œufs des pingouins de l'Antarctique, sans parler des nappes phréatiques du continent américain lui-même.

Cette interdépendance a aussi, bien sûr, des dimensions fort positives. Chaque fois que nous faisons nos achats, nous votons avec notre porte-monnaie, et, lié aux achats de millions d'autres consommateurs, nous pouvons influencer le chiffre d'affaires des plus grandes multinationales, et donc leur production et leurs politiques de fabrication. Dès le jour où nous commençons à orienter notre consommation dans un sens plus écologiquement responsable et respectueux de l'environnement, nous commençons à avoir un impact positif, aussi modeste soit-il, sur l'environnement. Ce que nous faisons ou ne faisons pas a une grande importance. ***Par notre consommation et notre comportement quotidien, nous sommes en mesure d'influencer la planète entière***, dans la mesure où d'autres individus partagent la même conviction et agissent eux aussi dans la même direction.

Des milliers de simples citoyens qui, à travers le monde, s'unissent dans un boycot contre les produits d'une des plus grandes multinationales de l'alimentation (Nestlé, années 1980, affaire du lait en poudre) ou contre un des géants du pétrole (Shell, printemps 1995, la plate-forme pétrolière dans la mer du Nord) et les font reculer, montrent que des milliers de «fourmis» qui s'unissent peuvent vaincre les plus gros «éléphants».

Tel accidenté grave est sauvé par les dons de sang de donneurs anonymes qu'il ne connaîtra jamais. Nos aliments, nos vêtements, nos jouets proviennent du monde entier. Des enfants autistes et des malades mentaux qui jouent avec des dauphins vont soudainement mieux… Oui, nous vivons dans un univers étonnant, sur une planète merveilleuse, tissée de milliers de liens invisibles qui lient êtres humains, plantes et animaux dans une extraordinaire et délicate danse de la vie. La planète entière ressemble à un immense mobile dont toutes les parties sont en équilibre, le moindre frémissement à un bout de la planète suscite une réaction immédiate à l'autre bout du globe.

Cette interdépendance a été exprimée de façon fort frappante par l'écrivain scientifique américain Jonathan Weiner. Dans son ouvrage *The Next One Hundred Years*, (Les cent prochaines années), l'auteur écrit: «Quand j'allume la clé de contact de ma voiture, j'augmente le thermostat de la planète[13]». Tout a un impact sur tout, toute cause a un effet, aussi minime soit-il. ***Et parce que nous sommes responsables de nos actes, nous sommes responsables de leurs effets.*** Comme le dit si bien la citation de Dostoïevski que l'on trouve à l'entrée du musée du Comité International de la Croix-Rouge à Genève: «Chacun de nous est responsable de tout et de tous».

D'après les grands maîtres spirituels, cette interdépendance est aussi agissante et active au niveau spirituel. Elle s'appelle loi du karma, ou loi du juste retour: ce que je sème, je le récolte – à commencer par l'impact de mes propres pensées. Car quelque part, comme l'enseignent depuis la nuit des temps les grandes sagesses spirituelles de l'humanité, TOUT EST UN.

«Mais qu'est-ce que tout cela peut bien avoir à faire avec la simplification de la vie ?» demanderez-vous sans doute. En étant un brin facétieux, on pourrait répondre que dans un monde aussi complexe et compliqué que le nôtre, et à moins que vous ne soyez moine ou ermite, la vie simple n'est pas aussi... simple !

Dans un monde qui subit l'illusion de richesses limitées, parce qu'il a défini ces dernières en termes avant tout matériels, les pays du Sud aspirant à notre mode de vie et nous imitant plus chaque jour, nous en viendrons nécessairement à des tensions dangereuses qui ne pourront être désamorcées que lorsque nous, dans le Nord, apprendrons à vivre de façon plus cohérente et nécessairement plus simple. Comme le disait Gandhi: «Vivons simplement, afin que d'autres puissent simplement vivre.»

C'est ici la dimension planétaire de la vie simple. L'état de la planète est le résultat des actions de tous ses habitants. Et le paysan africain qui ne consomme presque rien mais a huit enfants constitue un élément aussi lourd de conséquences pour l'avenir de la planète que le gros consommateur du Nord, même si l'impact de chacun est radicalement différent.

Nous avons mentionné plus haut que le modèle de consommation occidental était en train d'être vulgarisé à l'échelle de la planète par des chaînes de télévision aux mains de puissants groupements économiques du Nord. A ces dernières il faut ajouter «l'effet d'imitation», à savoir le mimétisme du style de vie du Nord par les élites et les émigrants du Sud voyageant dans nos pays, ou copiant le style de vie des blancs habitant au Sud. Le jour où le pays du paysan africain mentionné ci-dessus et sa famille (multipliés par plusieurs milliards d'autres consommateurs du Sud) voudront jouir du même standing que nous, et que leur gouvernement mettra en place les structures leur permettant d'atteindre cet objectif, que deviendra l'environnement de la planète ? Or cette imitation commence déjà à se manifester dans une série de pays du Sud, dont la Chine avec ses 1,2 milliards d'habitants, et l'Inde qui s'approche du milliard (et pourrait dépasser la Chine au siècle suivant au plan démographique).

Sur une planète où l'eau est déjà une ressource rare pour 230 millions de personnes, et est considérée comme une sérieuse cause potentielle de guerre au Moyen-Orient, couper sa douche quand on se savonne n'est plus seulement le geste sympa du petit écolo responsable, cela pourrait devenir une question de survie pour tous. Dans le *Journal de Genève et Gazette de Lausanne* du 15 février 1995 on peut lire un reportage intitulé: «Les Chinois ont la fièvre de consommer» qui mentionne que les Chinois des villes de la côte «se livrent à une effrayante ruée sur la consommation». Effrayante pour qui? Et si nous décrivons leur consommation comme «effrayante», alors qu'elle est encore de très loin inférieure à la nôtre, comment devrions-nous décrire la nôtre?

Cette recherche de plus de simplicité est évidemment nécessaire également pour nos propres sociétés. Car on y constate des phénomènes préoccupants de désagrégation sociale et toutes sortes de comportements asociaux s'accentuent. Ils sont certainement en partie dus à la folle course en avant vers une accumulation matérielle qui semble sans limites.

Il ne dépend que de nous que cette danse des éléments, des choses et des êtres reste une danse de la vie, au lieu de se transformer en danse macabre. Nous en avons les moyens – matériels, moraux, intellectuels, spirituels. En avons-nous la volonté?

Si l'humanité se mobilise rapidement et apprend à adopter un mode de vie plus en harmonie avec les grandes lois de l'univers, les besoins de l'environnement et les possibilités joyeuses d'un style de vie plus équilibré et moins matérialiste, nous pourrons éviter les contraintes qui nous seront imposées par des gouvernements ayant attendu la vingt-cinquième heure avant d'agir.

Car les contraintes ne manqueront pas de se manifester si nous restons sur la voie de la surconsommation. Devenus des automates programmés par les spécialistes du marketing à acheter exactement ce qu'on veut leur vendre, passant sur notre écran d'un univers artificiel créé par la réalité virtuelle à un autre, frétillant de désir devant la dernière «nouveauté», nous abrutissant tout doucement dans des «shoppings» sans fin, envoyant des signaux d'achat à une armée de spécialistes du marketing attentifs à nos moindres désirs qu'ils ont eux-mêmes programmés – c'est la voie assurée de la mort spirituelle de toute une société.

L'être humain n'aurait-il pas une destinée un peu plus noble, plus ambitieuse? Un brin d'héroïsme, un minimum d'autodiscipline sont-ils si inconcevables? Faudrait-il avoir peur d'un horizon de vie qui s'étend un peu plus loin que le prospectus polychrome de l'agence de voyages vantant les plages des Maldives – agrémentées de patinoires artificielles couvertes? (Ne vous en faites pas – cela viendra). Oserait-on rêver d'une vieillesse qui se termine ailleurs que dans ces mouroirs programmés que sont tant d'établissements pour personnes du troisième âge? Cela dépasse-t-il totalement l'imagination d'envisager une société où le sexe serait autre chose qu'un objet de consommation, et le corps de la femme autre chose qu'un outil de marketing?

Car NOUS AVONS la possibilité de créer un monde totalement différent. Une fois de plus, pour la première fois dans l'histoire de l'humanité, nous avons la possibilité d'éliminer totalement la pauvreté de la surface de globe en une génération. Nous avons la possibilité d'utiliser cet instrument génial qu'est la télévision pour ***éduquer*** six milliards d'êtres humains à créer un monde qui fonctionne pour tous au lieu d'en faire six milliards de zombies zappeurs. Nous avons, si nous en faisons un objectif politique – et cela dépend de chaque citoyen qui peut voter – la possibilité d'établir de nouvelles priorités au niveau de l'organisation de nos sociétés où l'économique serait subordonné à l'humain, au culturel et au spirituel au lieu d'être, comme maintenant, le bulldozer qui rase sur son passage tout ce qui ne ressemble pas au dieu dollar.

Dans une société où l'homme est trop souvent réduit à une sorte d'œsophage destiné à absorber toujours plus efficacement de plus en plus de produits dont il a de moins en moins besoin, la surconsommation ne produisant plus le bonheur, le bonheur lui-même devient suspect. Si vous croyez que l'auteur de ces lignes dérive un peu trop, la description suivante d'un article publié dans le *Journal of Medical Ethics*, revue médicale tout ce qu'il a de plus sérieux publiée en Grande-Bretagne, vous convaincra du contraire[14].

Intitulé «Une proposition pour classer le bonheur comme un désordre psychiatrique», l'article postule que le bonheur (en anglais «happiness») étant statistiquement anormal, devrait être classé comme une maladie, probablement due à un dysfonctionnement du système nerveux central. L'auteur décrit la «persistance du bonheur» malgré ses «conséquences débilitantes»: les personnes heureuses voudraient que d'autres partagent leur état! Il suggère «qu'une fois que les conséquences débilitantes du bonheur sont largement reconnues» on construira des cliniques pour soigner les personnes atteintes de cette pathologie grave et des médicaments dépressifs pour les rendre plus «normaux».

Nous sommes tous le centième singe

Dans un livre merveilleux qui n'a aucun copyright et que le lecteur est invité à partager et photocopier librement, *The hundredth monkey* (Le centième singe)[15], l'auteur américain Ken Keyes raconte l'histoire de chercheurs japonais après la dernière guerre qui faisaient des recherches sur les habitudes alimentaires d'un singe habitant un groupe d'îles. Les chercheurs jetaient des patates douces sur la plage pour les singes qui en raffolaient, et les mangeaient avec le sable agglutiné à la patate, ce qui leur plaisait un peu moins.

Un jour, une jeune guenon eut l'idée de laver sa patate dans l'eau de mer. Dans les jours suivants, d'autres jeunes l'imitèrent, puis petit à petit des adultes aussi. Un jour – et Keyes explique que l'on ne sait pas s'il s'agissait du 88e ou 113e singe, alors il propose le centième – un jour, le centième singe commence à laver ses patates douces dans l'eau de mer. Dans les jours suivants, tous les singes de cette colonie faisaient de même, et peu de temps après, les singes sur les autres îles, avec lesquels la première colonie n'avait aucun contact, également. Différentes théories ont tenté d'expliquer ce phénomène. Mais ce qui nous intéresse ici, beaucoup plus que les théories, c'est ***l'effet de seuil*** qui se produisit quand le centième singe commença à imiter les autres. C'est un peu comme s'il y avait un nombre critique à atteindre pour que tout le groupe modifie spontanément son comportement. Et Ken Keyes d'ajouter que nous sommes tous potentiellement le centième singe: nous pouvons être la personne dont la modification de comportement propulsera tout le groupe en avant.

Ce choix nous appartient. Aujourd'hui, par nos gestes quotidiens les plus simples, nous posons les bases de la société dans laquelle nous vivrons demain. Nous sommes co-responsables de la société dans laquelle nous vivons, simplement parce que chacun de nos gestes aide à la construire – ou la détruire (en détruisant l'environnement humain et naturel). Et si vous dites: «Mais je ne suis qu'un parmi six milliards. Mon geste n'a aucun sens. C'est se donner bonne conscience que de s'imaginer que ce que je fais peut avoir un impact. C'est de l'utopie de pacotille», rappellez-vous le centième singe et la pensée du philosophe irlandais du dix-huitième siècle, Edmund Burke, qui disait: «Nul ne commit de plus grande erreur que celui qui ne fit rien en prétextant qu'il ne pouvait faire qu'un petit peu».

Si l'humanité se mobilise rapidement, si elle apprend à adopter un mode de vie plus en harmonie avec les grandes lois de l'univers dont parlent Maurice Strong et le chapitre VII, à satisfaire aux exigences d'une plus grande justice économique internationale et aux besoins de la biosphère, aux besoins d'une gestion intelligente et équilibrée de la planète, nous pourrons éviter les conflits gigantesques et les graves crises écologiques qui ne manqueront pas de se déclencher si nous restons sur l'autoroute de la surconsommation, naviguant avec les yeux rivés sur le pare-choc arrière de la voiture qui nous précède, sans la moindre idée, comme société, où nous allons, ni pourquoi nous y allons si vite.

Nous pourrons éviter les «écodictatures» que nos gouvernements ne manqueront pas de nous imposer en désespoir de cause. Et surtout, nous saurons créer cette planète de prochains solidaires dont parle Albert Jacquard, qui disait: «Cette planète est bien petite. Nous pouvons y tenir à 5 ou 10 milliards, mais nous y serons nécessairement solidaires, non pas au sens d'une solidarité vécue comme une vertu, mais une solidarité perçue comme une réalité imposée. Chacun est concerné par les actes de tous. Nous sommes, que nous le voulions ou non, 5 milliards de prochains[16]».

Le choix est à nous.

LE CHOIX EST À MOI – AUJOURD'HUI

Nous sommes co-responsables du monde que nous contribuons à créer – que ce soit par l'action ***ou par l'inaction.*** Cette responsabilité est en même temps un immense privilège – celui d'être les acteurs de notre propre devenir, et non les victimes de soi-disantes forces impersonnelles sur lesquelles nous n'aurions aucun pouvoir.

Le comte de Montalembert, journaliste et politicien français du XIXe siècle, écrivait: «Si vous ne vous occupez pas de la politique, la politique s'occupera de vous». Le paraphrasant, on pourrait écrire: «Si vous ne vous occupez pas de l'environnement et de l'avenir, l'environnement et l'avenir se rappelleront à votre bon souvenir» (mais peut-être un peu brutalement, ce qui n'est pas souhaitable, vous en conviendrez).

Les grandes victoires se gagnent toutes dans les esprits. A commencer par le vôtre.

CHAPITRE QUATRIÈME

Etre ou avoir ?

> «Connais-toi toi-même»
> INSCRIPTION SUR LE FRONTON DU TEMPLE DE DELPHES, EN GRÈCE

> Se connaître soi-même est au-dessus de tout art, car c'est l'art suprême»
> *Theologia Germanica*, OUVRAGE DU XIVe SIÈCLE

> «Ne répète pas: je pense, donc je suis. Demande-toi: suis-je moi-même ?»
> LANZA DEL VASTO

«Si je suis ce que j'ai, et si ce que j'ai est perdu, alors qui suis-je ?... (Mais) si je suis qui je suis, et non ce que j'ai, alors personne ne peut me priver de ma sécurité et de mon sens de l'identité ou les menacer» écrit Erich Fromm dans son grand classique *Etre ou avoir*? [1]

Une des deux ou trois questions les plus importantes que nous avons le privilège de nous poser en tant qu'être conscients – et surtout conscients d'être conscients (ce qui nous distingue vraisemblablement des animaux) – est: Qui suis-je ?

Peut-être est-ce la plus ancienne question philosophique de tous les temps, sous toutes les latitudes. Pour une personne qui désire vivre une vie tant soit peu cohérente, avec un minimum de direction et de sens, voilà une question difficile à éluder.

Depuis quelques dizaines d'années, des scientifiques éminents, de Skinner à Laborit, ont nié que l'être humain puisse faire des choix libres. Nous pensons donc important d'avertir le lecteur que tout ce que nous proposons repose sur le postulat que nous pouvons faire des choix libres. « Libres » au sens d'assumer les conséquences de nos choix, de les faire en tant qu'individus relativement autonomes et conscients, et avant tout d'en assumer la responsabilité. (Mais attention : il ne faut surtout pas lier responsabilité et culpabilité, cette *mafia de l'esprit.* Je puis assumer la responsabilité d'une erreur sans crouler sous la culpabilité !)

Nous sommes infiniment plus qu'un amas d'organes, aussi bien « ficelés » soient-ils. Croire que le Taj Mahal ou les pyramides, les grands chefs-d'œuvre de l'art ou de la philosophie mondiale, le concept même de beauté, les grands enseignements éthiques de l'humanité (comme la compassion pour les plus humbles, l'amour et le pardon inconditionnels), les grandes découvertes scientifiques et techniques, la décision sur le sens de notre vie... croire que tous ces chefs-d'œuvre sont nés d'un petit morceau de viande comprimé sous le crâne, c'est plaider contre la dignité de l'homme. Car aussi prodigieusement organisé que soit le cerveau, il reste de la simple matière appelée à disparaître quand nous quittons cette terre.

Ce livre repose sur le postulat que l'homme est constamment capable de se dépasser. (Un postulat, en philosophie, est un point de départ antérieur à la discussion et dont on ne discute pas les tenants et les aboutissants. On le prend comme fondement du débat, comme les mots dans ce livre constituent le fondement, les outils qui permettent le partage des idées). Cet ouvrage repose encore sur la conviction que nos seules limites sont notre croyance à l'existence de limites; **que nous sommes sur terre pour accomplir de grandes choses,** même si nous ne réussissons pas tel apprentissage du premier coup, que ce soit comme individus, comme groupe, comme nation ou comme race.

Cet ouvrage, toujours, part de la prémisse **que la vie a un sens** pour chaque individu comme pour la race humaine, **et que celui dont la vie est la plus apparemment démunie de sens peut se donner une raison d'être.** Car ce sens de la vie n'est pas quelque chose qui tombe magiquement du ciel, mais un choix que nous faisons, que chacun doit faire. Et ce choix consiste tout simplement, sans tambours ni trompettes, à décider dans le secret de son cœur: «Voici ce que je veux faire de ma vie, voici ce pourquoi je veux m'investir. Je suis totalement responsable de mon choix et j'en assume toutes les conséquences». Le style de vie pour lequel nous optons – par exemple de vivre plus simplement – sera la conséquence de ce choix.

Comment la matière, même la plus perfectionnée, pourrait-elle suggérer ce choix?

«Celui qui vise le soleil de midi, disait il y a quatre siècles le noble britannique Sir Philip Sydney, même s'il est certain de ne jamais atteindre le but, est néanmoins sûr de tirer plus haut que celui qui vise un buisson.»

Alors même si jusqu'à présent vous avez plutôt visé la racine ou la crête des buissons, vous pouvez à tout instant choisir de viser un peu plus haut!

Sens de la vie et simplicité de vie

La simplicité de vie, c'est bien autre chose que de consommer un peu moins; et la présenter de cette façon, c'est la caricaturer à l'extrême. On ne simplifie que rarement sa vie juste pour le plaisir de simplifier, encore que certains puissent opter pour cette approche. On le fait en fonction d'un choix de vie qui, petit à petit – Oh combien lentement souvent! – donne une cohérence croissante à tous les diférents aspects de notre existence. De même qu'un pacifiste ou un végétarien va organiser sa vie autour de son option philosophique de base, celui qui opte pour une vie simplifiée le fera de la même façon, en fonction d'une orientation de départ. On ne faxe pas la simplicité de vie.

«*La simplicité,* écrit Erica Erdmann, *…n'est pas le sacrifice. Ce n'est pas vider la vie de sa joie. Bien au contraire, la simplicité évite justement le ballast excessif qui s'oppose à la joie. C'est une* *concentration sur ce qui est le plus essentiel, le plus beau, le plus valable. Elle ne rend pas la vie plus pauvre, mais plus riche…*

Encore plus belle (que la simplicité matérielle) est la simplicité intérieure. L'esprit, rejetant l'encombrement et la confusion de l'hyperstimulation, devient conscient de l'essentiel. On fait l'expérience de la vie comme un nouveau cadeau, et la croissance intérieure est ressentie comme une exaltation sereine qui ne peut être achetée à aucun prix. La capacité à faire face à des problèmes apparemment insolubles, d'atteindre de nouvelles prises de conscience, de vraiment apprécier l'amitié et l'amour, ne sont que quelques-unes des conséquences de cette croissance. La simplicité ne constitue pas un sacrifice. Elle est la baguette magique qui transforme le monde[2] ».

Ce choix pour une vie plus simple s'organise petit à petit et tout naturellement, sans effort laborieux, en fonction d'un impératif intérieur, d'un sens qui, petit à petit, au fil des années, s'impose à nous. La clé de cette simplification est le mot « cohérence ». Cette simplification est avant tout un état intérieur, une disposition d'esprit, un aménagement des priorités. Petit à petit et joyeusement, elle amène l'individu à se centrer sur un pôle intérieur, une sorte de compas de vie en fonction duquel il opère ces mille petits choix qui constituent la trame de la vie quotidienne, et d'abord l'organisation du temps et la façon de gérer son argent et ses autres ressources. Au fil des années, la personne en question voit apparaître dans sa vie une cohérence interne, sorte de fil d'Ariane qui rend les choix de plus en plus simples, rapides et cohérents. Les affres de l'indécision font place à des décisions calmes et mesurées qui reflètent la liberté croissante de son espace intérieur.

Une fois le sens trouvé – si du moins il s'agit d'un sens qui dépasse l'individu, qui l'oriente vers autre chose que le simple service de lui-même (qui est non-sens), ce sens pénètre comme par osmose ou par capillarité tous les différents aspects de la vie. Il ordonnera l'existence, la structurera, lui donnera une cohérence interne merveilleuse, légère (au sens de quelque chose qui ne pèse pas, qui allège), qui libère l'esprit de plus en plus des trivialités ou des banalités.

Nul n'a mieux défini les conditions de cette simplification de la vie que l'auteur anglais Richard Gregg, cité en exergue de la deuxième partie de cet ouvrage[3]. Nous allons reprendre cette citation phrase par phrase, tant elle est centrale à la compréhension de notre démarche.

La simplicité volontaire, dit Gregg, demande:

1. «**Une intention non divisée**»: quand on poursuit plusieurs lièvres à la fois dans la vie, plus ils sont différents, plus il y a perte d'énergie due aux conflits entre les différentes priorités (à moins qu'elles ne soient réellement complémentaires, comme l'homme d'affaires qui fait une heure de méditation par jour). Une intention clairement définie permet au contraire d'organiser ses priorités de vie et, petit à petit, d'élaguer le superflu, que ce soit des lectures inutiles, des fréquentations peu enrichissantes, des consommations ostentatoires, des activités vides de sens, etc. Cet élagage est quelque chose d'absolument merveilleux qu'il faut vivre pour comprendre. Les choses prennent automatiquement leur place et, plus claire est l'intention, plus cet élagage est un processus sans douleur. Que ce soit celui ou celle qui choisit d'*écologiser* sa vie de façon radicale, de militer pour une cause qui lui tient à cœur ou de suivre une voie spirituelle précise, tous vont laisser tomber des activités chronophages ou fricophages (dévoreuses de temps ou d'argent) au profit de celles jugées plus importantes, découlant de leurs nouveaux choix. (Je me permets le néologisme «*écologiser* sa vie» pour indiquer l'effort qu'une personne fait pour vivre sa vie en harmonie avec les besoins et les contraintes de notre environnement naturel.)

2. «**La sincérité et l'honnêteté intérieures**»: nous pouvons définir ces deux qualités par le même terme: l'intégrité, au sens de ce qui correspond à la nature la plus profonde d'un individu. L'intégrité peut être vue comme la qualité fondamentale de tout être, sans laquelle rien de valable et de durable ne saurait se construire, que ce soit dans le travail, les relations, la vie de couple, l'éducation des enfants, l'art, etc.

3. **«Un environnement non encombré»**: Avez-vous jamais vu des photos des cours de monastères zen au Japon? C'est une des plus belles choses imaginables. Un dépouillement total, des lignes sobres, simples, une élégance fondamentale. L'esprit se repose, se restaure, se retrouve dans un environnement où il n'y a pas mille choses pour le détourner, où il n'est pas obligé de jouer à saute-mouton avec mille diversions pour se retrouver. Ceci ne constitue pas un éloge des murs blancs, et il serait un peu absurde de donner un monastère zen en exemple de décoration intérieure à un Occidental. Mais ce que nous entendons est un environnement intérieur où l'esprit peut se reposer plutôt qu'être excessivement stimulé. Cela vaut également pour l'environnement extérieur: dans le nôtre, en Occident, nous sommes constamment harcelés par mille sollicitations intempestives.

4. **«L'absence de possessions qui ne sont pas directement reliées au but principal de la vie»**: l'interprétation de cette suggestion de Gregg selon laquelle il convient d'élaguer les possessions qui ne sont pas directement reliées à notre objectif de vie principal reste heureusement subjective pour toute personne vivant l'existence «normale» du citoyen moyen, sinon on tomberait rapidement dans un dogmatisme et un puritanisme déplaisants et déplacés. L'interprétation en est d'autant plus subjective qu'elle changera au cours de la vie d'une même personne. Ce que j'estimais indispensable pour atteindre mon but de vie hier pourra me sembler totalement inutile demain.

Plus notre objectif de vie se précise, plus l'élagage des choses se fera, non seulement sans douleur, mais encore dans une immense joie – la joie de l'alpiniste qui aurait mis de gros cailloux dans son sac et qui, pendant la montée, remarquant combien ils constituent un handicap par rapport à son objectif visé, les déposerait sur le chemin les uns après les autres.

Vous apprendrez par exemple à recycler les cadeaux inutiles que l'on vous fait au lieu de les stocker au grenier ou à la cave où ils accumuleront de la poussière en attendant d'être jetés lors du prochain déménagement. Vous donnerez vos habits superflus aux mille organisations qui les récupèrent. Vous remettrez votre vélo, que vous avez remisé depuis des années au hangar où il rouille en silence, à une ONG (organisation non gouvernementale) qui retape les vélos d'occasion pour les envoyer au Sahel. (Vous pouvez aussi le réparer pour vous-même, convaincu que vous êtes, par la lecture de ces pages, des bienfaits de la petite reine !)

Dans un couple, ce processus nécessitera constamment des compromis. Votre compagne (compagnon) tient à garder des choses que vous estimez superflues ? C'est son droit le plus absolu, et la tolérance et la patience seront meilleures pédagogues, dans ce cas, que l'esprit de propre justice ou les grands airs vertueux. L'harmonie du couple est bien plus importante dans ce cas qu'une simplification purement matérielle, car si cette harmonie disparaît, c'est tout le processus de simplification de la vie qui sera remis en question, parfois pour des années, si ce n'est définitivement.

Dans notre société, le vrai défi dans ce processus de simplification matérielle réside bien sûr au niveau des enfants, endoctrinés dès le plus jeune âge à consommer toujours plus. Comme dans la plupart des cas ils ne partagent pas les objectifs de leurs parents, ce qui est assez normal, voire très sain dans certains cas, il n'est pas du tout évident de leur faire accepter le message d'une consommation plus modérée. Mais on note un nombre croissant de cas où les enfants, étant beaucoup plus sensibilisés aux problèmes écologiques que leurs parents, sont les premiers à suggérer des économies au niveau de la consommation domestique.

5. **«Mettre en ordre et guider ses énergies, organiser sa vie en fonction d'un but» :** la clé de la simplification de la vie (comme de l'organisation du temps dont il est question plus bas), répétons-le, consiste à avoir des priorités clairement organisées. C'est le secret de presque toutes les personnes qui ont

réalisé de grandes choses dans leur vie, que ce soit des pionniers dans n'importe quel domaine, des managers, des sportifs ou des saints. C'est également le secret de gens dont le cheminement est plus modeste, mais qui ont l'immense satisfaction de vivre une vie intérieurement cohérente et qui, de par là-même, se distancent des impératifs et des suggestions si souvent vides des sirènes de la société de consommation.

Dans un excellent livre sur le développement personnel, *Maximum Achievement* (Réalisation maximum), l'Américan Brian Tracy décrit comment arriver à définir des buts de vie précis[4]. Nous résumons ici ses idées que nous trouvons remarquablement claires et pertinentes.

Tracy se demande d'abord pourquoi les gens ne se fixent pas de buts de vie. En effet, si vous interrogez vos connaissances, vous découvrirez que nombre d'entre elles n'ont que des buts de vie assez vagues. Elles sont comme la strophe de la comédie musicale américaine *Western Star* qui décrit aussi notre société qui fonce comme un TGV sans savoir où elle va: «Nous sommes en route mais sans connaître notre destination». Chez la plupart, cette absence de buts vient avant tout soit de la peur d'échouer, soit du fait qu'elles n'ont simplement pas réalisé l'importance primordiale de se fixer des objectifs précis si l'on veut sentir cette merveilleuse énergie procurée par un sentiment de progression dans sa vie.

Quant au choix de nos buts, Tracy suggère que ces derniers devraient être cohérents avec nos valeurs. Un boucher ne va pas devenir président d'une société de végétariens, ni un naturopathe gérer une pharmacie allopathique.

Une fois le but choisi, il est évident que plus on s'y investit, plus on a de chances de le réaliser. Car souvent la «chance» prend la forme d'un travail ardu, d'un effort de longue haleine. Se fixer un but, ajouterions-nous, c'est également prendre le risque d'échouer. Mais on ne peut rien réaliser de significatif sans prendre des risques. Comme le disait un des pères de l'existentialisme moderne, le philosophe danois Soeren Kierkegaard:

«Celui qui prend un risque perd pied pour un instant, celui qui ne prend pas de risques perd sa vie.»

Tracy suggère également ce qu'il appelle le principe de l'équilibre: il est important d'avoir une série de buts, et non pas un seul, du moins si on veut vivre une vie sociale sans trop se distancer des autres. Un Albert Schweitzer, une Mère Teresa se sont fixés un seul but qui a dominé toute leur vie. Rares sont cependant ceux qui voudraient les imiter. Ces buts peuvent être dans les domaines familial, intellectuel, professionnel, sportif, spirituel, etc.

Ces différents buts seront reliés à une finalité de vie principale, dominante, par rapport à laquelle tous les autres s'ordonneront. Cette finalité peut être de soumettre toute sa vie à une conviction donnée (politique, spirituelle, humanitaire, philosophique, etc.) ou viser un état intérieur (le détachement, la paix totale.)

Mais comment identifier les buts que l'on veut viser? Comment les définir, les choisir? C'est là évidemment le nœud de la question, et l'auteur américain nous suggère sept questions fort pertinentes pour effectuer cette démarche:

1. Quelles sont pour moi les principales valeurs de la vie? La réussite sociale, la compassion universelle, la sécurité matérielle, la santé, la famille?...

2. Répondez à la question suivante en 30 à 60 secondes, ***sans vous donner le temps de réfléchir*** (cela doit fuser, spontanément): quels sont en ce moment vos trois principaux objectifs ou buts? (Par ex.: passer mes examens, perdre 8 kilos, apprendre à conduire une voiture, me marier, etc.)

3. Comment utiliseriez-vous votre temps si vous n'aviez plus que six mois à vivre? Plus que six heures?

4. Que feriez-vous si demain vous gagniez un à deux millions à la loterie?

5. Qu'avez-vous toujours voulu entreprendre, mais n'avez pas fait par peur d'échouer?

6. Qu'est-ce que vous aimez le plus faire? Qu'est-ce qui vous donne le plus grand respect de vous-même, la plus grande satisfaction? (Cette question est sans doute la plus importante de cette série).

7. Finalement, quelle chose oseriez-vous rêver de faire si vous saviez que vous ne pourriez pas échouer?

Tracy ajoute: «Vous pouvez être, ou réaliser, tout ce que vous avez écrit en réponse à ces questions... Une fois que vous avez identifié ce que vous désirez, la seule question à laquelle vous ayez à répondre est: 'Est-ce que je désire ce but assez ardemment, et suis-je prêt à en payer le prix?» A vous, amie lectrice, ami lecteur, de répondre.

Quant au milieu des annés 1960, j'ai terminé mes études, j'ai immédiatement trouvé du travail dans une grande organisation internationale de Genève. C'était la vie de roi: j'avais un joli appartement à deux pas du lac, un voilier, un travail peu exigeant. Rapidement on m'offrit un contrat à vie, ce qui à l'époque était le rêve de tout Suisse: être fonctionnaire international, avec tout ce que cela impliquait d'avantages: deux mois de vacances, des salaires très supérieurs à la moyenne du marché du travail local, pas d'impôts, des magasins spéciaux à bas prix. Bref, c'était la ***dolce vita.*** Ce n'est guère surprenant si le petit peuple de Genève appelait les fonctionnaires de cet organisme les «bien installés tranquillement» – car c'était exactement cela.

Pourtant... et pourtant, il y avait un ver dans la pomme. Il semblait que la préoccupation essentielle de 95% des fonctionnaires de l'organisation était simplement de parvenir à l'échelon de salaire supérieur. Pas trace d'idéalisme, la petite vie pépère. Etait-ce ce que je recherchais? Pas exactement. Alors malgré les mises en garde de mon chef, je partis en Algérie, sans même un contrat de travail, sur la foi de la parole assez vague du ministre du travail de ce pays.

Au fil des années, ce sens de la vie se cristallisa autour de l'idée toute simple qu'il me fallait travailler pour un monde qui fonctionne pour tous : que tous ses habitants, animaux et plantes compris, avaient leur place au soleil. Imperceptiblement, au fil de mes voyages dans plus d'une quarantaine de pays des cinq continents, cette conviction se renforça, commença à former la trame sur laquelle je tissais ma vie, devint le but ou l'objectif prioritaire par rapport auquel se rangeaient tous les autres. Et depuis quelques années, au fil des crises économiques, sociales, politiques et écologiques, il devient de plus en plus clair qu'effectivement, ***si nous ne créons pas un monde qui marche pour tous, il ne fonctionnera bientôt pour personne.*** En d'autres termes, ***je ne puis être totalement sain*** (au sens de complet, épanoui, pleinement heureux, quelqu'un qui a réalisé son potentiel) ***tant qu'il subsiste sur terre un seul être qui souffre.***

Aujourd'hui, au moment où j'écris ces lignes, trente années après avoir quitté l'organisation internationale sus-mentionnée, je me sens simple gérant de ma vie et de mes talents. Tout ce que j'ai m'est prêté par la vie pour le faire fructifier - qu'il s'agisse du temps (et non pas « mon » temps) ou de l'argent (non pas « mon » argent), des possessions ou de mon mariage, de mes contacts ou de mes modestes savoirs. J'éprouve un immense plaisir à me séparer de choses dont je n'ai pas besoin – et j'en ai encore trop, mais le processus d'élagage, quand on vit à deux, ne se fait pas aussi rapidement que si on vit seul. Celui qui fait ce chemin découvrira que l'on peut vivre dans le monde, la société, sans être de la société. En d'autres termes, vivre une vie relativement « normale » sur le plan extérieur (avoir un chez-soi accueillant, vivre simplement mais décemment, voyager en avion quand cela est vraiment nécessaire, utiliser la voiture d'un ami ou une voiture de location si on n'en possède pas à soi), tout en ayant des valeurs et des objectifs très différents de ceux de la société dominante.

En effet, cette société dominante cherche par tous les moyens à imposer ses valeurs axées sur la consommation. Aussi ce chapitre sur la recherche de soi serait-il incomplet sans quelques mots sur les mécanismes de l'aliénation – les forces et influences qui ont souvent pour résultat de nous **empêcher d'être nous-mêmes**, de vouloir faire de nous des «copies conformes» de modèles sociaux véhiculés par les médias, la publicité et ceux qui ont soi-disant «réussi» dans la vie.

Ces principaux moyens sont avant tout :
– la pression sociale et la tyrannie de la norme,
– la publicité qui agit comme créatrice de normes et comme technique pour les imposer,
– la peur.

Les mécanismes de l'aliénation et le courage d'être soi-même

> «Avant tout, sois loyal envers toi-même; et, aussi infailliblement que la nuit suit le jour, tu ne pourras être déloyal envers personne.»
> SHAKSPEARE, *Hamlet*

L'être humain est par définition un être social. Du Rotary Club au monastère, de la chorale villageoise à la salle de classe, du réseau informatique à l'entreprise, l'homme vit en groupe. Cette société, pour fonctionner, doit édicter un certain nombre de normes, plus ou moins contraignantes.

L'adhésion à certaines normes est exigée – payer ses impôts, ne pas tuer ou voler – à d'autres fortement conseillée: s'habiller et se comporter d'une certaine façon à un mariage ou un enterrement, etc.

L'anarchie – au sens populaire du mot – est une situation où les normes acceptées ne fonctionnent plus. C'est alors la rupture plus ou moins profonde des liens entre les êtres, le règne du chacun pour soi. Aucune société ne peut fonctionner de cette façon, comme l'a souligné la remarquable étude de l'ethnologue anglais Colin Turnbull sur les Iks de l'Ouganda, une tribu qui avait atteint un tel niveau de désocialisation que même les mères ne s'occupaient presque plus de leurs enfants.

Avec de très rares exceptions, l'être humain a besoin de s'identifier à un ou plusieurs groupes sociaux pour survivre psychiquement en bonne santé, et des études de sociétés tribales montrent qu'une personne exclue du clan perd littéralement la raison : elle devient « aliénée », incapable de fonctionner.

Seuls quelques êtres au tempérament exceptionnel ont su survivre sainement malgré le rejet de pratiquement toute une société.

Ce qui constitue un comportement « acceptable » varie énormément d'une société ou d'un groupe à l'autre. De nombreuses études ethnologiques et historiques ont montré qu'il n'existe presqu'aucun type de comportement (avec l'exception de l'inceste pour des raisons génétiques) qui n'ait été accepté comme norme par une société ou un sous-groupe de cette société à une époque ou une autre. La Légion étrangère ou la mafia ont des normes de comportement aussi rigoureuses que celles érigées par St. Benoît pour les Bénédictins et, en milieu diplomatique, l'oubli d'une étiquette apparemment anodine peut créer un incident diplomatique. Dès leur plus jeune âge, les enfants créent entre eux des règles de comportement, tout comme la totalité des groupements animaux connus. Même la guerre a ses règles, codifiées dans différentes conventions signées par presque toutes les nations du monde. Bref, tout groupement a besoin de normes pour fonctionner.

La socialisation de l'enfant se fait en grande partie par les mécanismes du mimétisme (le petit bébé imite le sourire de ses parents) et de la comparaison (je fais de la planche à roulette ou du surf des neiges parce que les copains en font). Il semble exister chez la plupart des êtres humains un besoin inextinguible d'être approuvé par les autres. Et une des façons les plus simples d'être approuvé par les autres est de s'habiller, se comporter, parler, etc., comme eux, en d'autres termes de suivre la norme de comportement admise par le groupe. On retrouve ces bases du conformisme social partout, de l'ordre des médecins aux militaires, des prêtres ou pasteurs aux prostituées et aux clochards, même si les formes dans lesquelles s'exprime ce conformisme varient.

Ce besoin d'être approuvé par les autres est inversément lié au sentiment d'identité et «d'ancrage intérieur» de l'individu: plus une personne a un sens clair et affirmé de sa propre identité, moins elle aura besoin de l'approbation du groupe et vice-versa. Pour toute personne qui ambitionne de vivre plus simplement, il importe de prendre conscience du fait que nous vivons dans une société où la tyrannie de la norme (donc du conformisme) est fort aggressive. Nos pays sont de plus en plus policés – au sens où les règlements se multiplient dans tous les domaines – même si parallèlement certains non-conformismes sont tolérés dans des domaines précis comme l'habillement par exemple, ou le comportement sexuel. Or, il existe un danger non négligeable de glisser petit à petit de pays ultra-policés à des pays de plus en plus policiers – ou du moins des pays où certains conformismes seront imposés par voie législative.

Toute société représente un équilibre constant entre les tendances vers une normalisation croissante et celles qui vont vers l'anarchie. Dans des sociétés de plus en plus complexes comme les nôtres, où les normes techniques notamment se multiplient à l'infini, le danger de la surréglementation est bien réel.

Là où le bât blesse, c'est quand, en vertu de la détention d'un certain pouvoir – en général financier – une entreprise ou un groupe parvient à imposer des normes de comportement – par exemple de consommation – à la société en général, voire au monde entier.

Ainsi au début des années 1930, les Etats-Unis avaient un des réseaux de transports publics urbains et de chemin de fer les plus développés et performants au monde. Par un lobbying agressif et incessant, les fabricants de voitures réussirent à renverser complètement les priorités au niveau des transports, et aujourd'hui ce pays a, avec la Suisse, le réseau autoroutier le plus développé au monde et la densité automobile la plus élevée, au grand dam de l'environnement national et mondial.

Et maintenant que les routes du Nord atteignent ou dépassent le niveau de saturation, on se tourne vers les marchés du Sud encore quasi vierges. Ainsi un article du *Journal de Genève et Gazette de Lausanne* du 26 mai 1994 était intitulé: «Les pays en développement: un fantastique marché!». Il rappelait que la part des pays du Sud dans le marché mondial de la voiture devrait passer de 22% en 1991 à 35% en l'an 2000, d'autant plus «que dans certains pays comme la Chine les ventes augmentent de 50%» (par an). On se demande si Gaia, la terre-mère, se frotte les mains aussi joyeusement que les fabricants de voitures.

Un autre exemple où des groupes financiers importants imposent des modes de consommation très nocives à littéralement des milliards de personnes est celui des cigarettes vendues dans le Tiers-Monde. Depuis que les ventes stagnent ou diminuent en Occident, le public étant de plus en plus conscient des risques graves pour la santé que représente le tabac, les grandes marques se tournent vers le Sud où les ventes progressent de façon très spectaculaire, souvent plus rapidement que l'accroissement de la population. (Dans le Nord, elles diminuent de 1,1% par année, dans le Sud elles augmentent de 2,1%). La situation est tellement grave que l'Organisation Mondiale de la Santé a estimé que la tabagie pourrait être au tournant du siècle une des premières causes de mortalité dans le Sud, qui a pourtant d'autres chats à fouetter.

Outre les atteintes catastrophiques à l'environnement causées par le déboisement engendré par la nécessité de curer le tabac, ce sont des centaines de milliards de dollars qui partent littéralement en fumée parmi les familles les plus pauvres de la terre qui n'ont souvent pas de quoi manger – mais le père fume, et parfois plusieurs paquets par jour.

Nous avons vu dans la première partie de cet ouvrage quelques-uns des mécanismes de la publicité. La méthode la plus importante pour se défendre contre cet envahissement de notre sphère mentale, consiste simplement à savoir ce qu'on veut vraiment dans la vie, à avoir le courage d'être soi-même, même si cela représente des ruptures importantes et visibles avec les normes sociales «acceptées». Cela implique avant tout de définir pour soi-même ce que signifie réussir dans la vie. En d'autres termes, ***il s'agit de définir pour soi-même ce que signifie le succès – au lieu de laisser ceux qui sont aux leviers de commande du pouvoir, ou votre famille, votre entourage, le définir pour vous.***

Après tout, vous avez une seule vie à vivre. Personne ne peut la vivre pour vous, et si on vous le proposait, (en admettant l'invraisemblable) vous vous insurgeriez certainement.

Pourtant, en acceptant une définition du «succès» qu'ils n'ont pas eux-mêmes élaboré, des millions de nos contemporains laissent à d'autres le soin de définir comment ils vont vivre leur vie, et beaucoup vont littéralement «perdre leur vie à la gagner».

Quand vous atteindrez un certain âge et que vous contemplerez ce que vous avez réalisé au cours de votre vie, pourrez-vous dire avec certitude, «Oui, j'ai vécu le genre de vie que je désirais. J'ai eu ma part de succès et d'échecs (ou plutôt d'apprentissages, car l'échec ne consiste-t-il pas à ne pas essayer, ou alors à subir les choix des autres) ? J'ai vécu le genre de vie que je voulais, et je suis plus près de mon objectif de vie aujourd'hui qu'il y a dix, vingt ou trente ans.»?

Quelle prise de conscience plus difficile, plus douloureuse peut-il y avoir que de réaliser que pendant toute sa vie, on était sur «pilote automatique», que l'on a vécu sa vie selon des critères ou des objectifs définis par d'autres: les parents, le milieu social, l'Eglise, un compagnon dominateur? En d'autres termes, que nous n'avons pas vraiment vécu la vie de notre choix, parce que nous avons accepté passivement la dictature de critères et de valeurs qui n'étaient pas les nôtres.

La bonne nouvelle, c'est que nous avons toujours le choix, la liberté de changer de vie, de ***vivre autrement.*** Car comme le disait l'écrivain George W. Elliott: «***Il n'est jamais trop tard pour être ce que vous auriez pu être***».

Vous n'avez qu'une vie à vivre, la vôtre. Vivez-la selon vos valeurs, selon vos rêves, vos désirs, vos aspirations. Si vous ne le faites pas, personne ne le fera pour vous. C'est Jacques Salomé qui a eu cette pensée percutante: «Vivre, c'est sortir du rêve pour le réaliser. A trop rêver ses rêves, c'est la vie qu'on assassine.» Ne pas oser vivre sa vie, c'est finalement se suicider à petit feu. C'est Socrate qui disait il y a 2500 ans: «Ce n'est pas de vivre qui compte, mais de bien vivre». Vous seul pouvez définir ce «bien». Mais peut-être une des Trois Grandes Peurs (TGP) vous en empêche-t-elle? Alors parlons-en.

Le règne des TGP

Les Trois Grandes Peurs sont le corset qui maintient en place la fameuse SOCOTA (Société de Consommation Tous Azimuts). Elles s'appellent peur de l'opinion d'autrui, peur de la mort et peur du manque. (Certains y ajoutent la peur de la souffrance, mais elle semble nettement moins importante, aussi la laisserons-nous de côté). Alors osons les regarder bien en face et les démystifier, car elles voudraient nous voler notre bonheur, et cela, rien ni personne n'a le droit de le faire.

La peur du jugement d'autrui

> «Il faut bien faire et laisser braire.»
> PROVERBE

Accepter que le jugement d'autrui sur la façon dont nous devrions vivre notre vie est plus important que le nôtre, c'est subir la vie – accepter d'être victime – plutôt qu'être responsables. Accepter que la pression sociale, la mode, la pub, les conventions mondaines, voire notre église ou notre religion, nous dictent comment nous habiller, penser, vivre, c'est renier notre liberté d'être.

Le plus important dans la vie ne serait-il pas de ***vivre sa vie selon le sens le plus élevé qu'on a de la vérité, de ce qui est bon et juste?*** Aucune autorité autre que votre conscience ne peut vous dicter en quoi cela consiste pour vous. Si vous êtes cadre supérieur et que vous décidez d'aller en vélo à votre réunion du Rotary, ou de vous marier en T-shirt parce que cela correspond à une conviction profonde chez vous (et ne choque pas votre partenaire), faites-le, au risque de susciter le jugement, voire de choquer. C'est Malraux qui disait: «Juger, c'est de toute façon ne pas comprendre, car si l'on comprenait, on ne pourrait pas juger», phrase à laquelle fait écho ce proverbe amérindien: «Ne juge pas ton voisin avant d'avoir marché quinze jours dans ses mocassins».

Celui qui vous juge étale publiquement son intolérance et par là même ***se juge lui-même.*** C'est lui qui est à plaindre, non vous. Il ferme des portes – gardez les vôtres ouvertes. ***Personne ne peut emprisonner ou limiter votre liberté intérieure à moins que vous ne lui tendiez les menottes pour vous rendre captif de son jugement.***

Car en fin de compte le choix est de vivre la vie qui vous donne le plus de satisfaction profonde, le plus de joie, ou de subir les *diktats* d'une société qui ne sait plus du tout où elle va, mais y va de plus en plus rapidement.

Nous vivons dans un monde dont le roi – la consommation érigée en finalité – est désespérément nu. Si vous prenez le risque (modeste) de le crier, vous serez peut-être étonné du nombre de personnes qui se mettent à le crier avec vous!

Certes, vivre autrement, vivre plus simplement peut représenter, selon le milieu social auquel vous appartenez, un certain risque. Mais ne rien risquer, nous l'avons vu, peut constituer un risque infiniment plus grand, celui de ne jamais être soi-même, de rester prisonnier de normes auxquelles nous n'adhérons qu'à moitié – et encore. Alors ne vaut-il pas la peine de prendre consciemment le risque auquel on croit, plutôt qu'accepter d'étouffer à petit feu parce que nous avons mis notre conscience sur pilote automatique?

Mort, où es-tu ?

« L'Univers est l'unité de toutes choses. Qu'un homme connaisse une fois son identité avec cette unité, alors vie et mort, commencement et fin ne troubleront pas plus sa tranquillité que la succession du jour et de la nuit. »

TCHOUANG-TSEU, PHILOSOPHE CHINOIS

« L'idée de la vie éternelle n'a rien en commun avec l'attitude consistant à soupirer après la vie. La vérité, c'est qu'en fait la mort n'existe pas. Comment est-il possible que la mort n'existe pas ? Parce qu'il n'existe qu'une seule énergie, une seule force de vie qui embrasse tout et qui est à la base de l'activité de la vie ».

PRÉFACE DU CAN TONG QI,
MANUSCRIT CHINOIS DU XVIe SIÈCLE

Peu de sociétés ont refoulé aussi vigoureusement l'idée de la mort que la société occidentale de la deuxième partie du vingtième siècle, contrairement à de nombreuses autres sociétés où la mort est quelque chose de parfaitement naturel. Mais ce qui est refoulé reparaît toujours sous des formes déviantes, et une part de la surconsommation actuelle repose sur cette peur de la mort. Ainsi la publicité utilise-t-elle avant tout des modèles jeunes, éclatant de santé. Nombre d'assurances capitalisent sur la peur de la mort et du manque. La surconsommation médicale représente elle aussi une expression de cette peur refoulée de mourir (et de souffrir), comme l'est l'acharnement thérapeutique consistant à prolonger inutilement la vie physique de personnes n'ayant plus aucune conscience active.

Tant qu'un individu n'a pas résolu pour lui-même ce que représente la mort, peut-il vivre pleinement ? En effet, la façon dont nous envisageons la mort détermine en partie comment nous allons vivre notre vie, et surtout le sens que nous allons donner à cette dernière.

Si un individu fait sien le vieil adage latin : « Mangeons et buvons, car demain nous mourrons » (sous-entendu: et c'est la fin) cela tendra à le pousser à s'investir au maximum dans les plaisirs matériels du moment.

Mais si la mort n'est que l'antichambre, le vestibule vers une vie qui pourrait être infiniment plus riche (selon la façon dont nous nous sommes préparés ici-bas), cela ne changerait-il pas beaucoup de choses ? Tout, même ? Alors peut-être serait-il utile ici de vider encore quelques tasses de thé!

Gary Zukav, auteur d'un des meilleurs ouvrages de vulgarisation sur la science des particules, *La danse des éléments*, écrit dans son livre, *The Seat of the Soul* (Le siège de l'âme): « Quand on pose une question à laquelle il n'existe pas de réponse dans le cadre de référence habituel, on peut classer la question comme démunie de sens. On peut aussi l'écarter comme question non appropriée. Une autre attitude requiert que la personne qui pose la question étende sa conscience jusqu'à embrasser un cadre de référence qui permette d'y répondre… (Ainsi) si je ne peux pas prouver l'existence d'une réalité non physique, est-ce que je décide qu'une telle réalité est absurde ? Est-ce que j'en conclus qu'il n'y a pas de réponse, ou est-ce que je m'élève pour atteindre ce plan où je peux trouver la réponse juste ?. »[5]

Première hypothèse : La vie est conscience

Physiquement, scientifiquement, on ne peut pas mesurer l'amour d'une mère pour son enfant, l'émotion que vous ressentez devant le tableau d'un grand maître ou un paysage alpestre, la joie que vous ressentez au terme d'une longue séparation d'avec votre ami ou votre amie. Pourtant il ne viendrait à l'idée de personne de nier cet amour, ce sentiment de beauté, cette joie. Cela indique simplement que la méthode scientifique, telle qu'elle a été développée et utilisée à ce jour, est souvent inadéquate pour mesurer la plupart des phénomènes non matériels, et avant tout la conscience.

Si la vie n'est pas matérielle, ne serait-elle pas alors avant tout spirituelle ? Depuis quelques années, de nombreuses expériences sur l'existence de la vie après la vie, vulgarisées par des médecins comme l'Américain Moody ou la Suissesse Kübler-Ross, permettent de croire à l'existence d'une «vie après la vie», qui se situerait essentiellement au niveau de la conscience.

Deuxième hypothèse:
la vie sur terre est un laboratoire pédagogique, une école

Depuis quelques années, l'idée que la vie serait une école, la planète une sorte d'immense laboratoire d'expériences pédagogiques et que nous sommes là avant tout pour apprendre les lois fondamentales de l'univers est acceptée par un nombre croissant de gens, et cela dans tous les milieux. Cette idée est en fait millénaire, puisque les grandes sagesses de l'humanité en parlent depuis la nuit des temps. Aujourd'hui, elle s'exprime de plus en plus de façon «laïque» si l'on peut dire, sans référence particulière à tel ou tel enseignement spirituel.

Si la vie est conscience, elle ne s'arrête donc pas à la mort. Cette dernière devient un sorte de vestibule ou de sas, une chambre de décompression, voire une simple illusion de la perception, comme l'illustre un très beau texte anonyme sur la mort que nous reproduisons ici:

Je me tiens au bord de la mer. Un navire à mes côtés étend ses voiles blanches dans la brise matinale et s'en va vers l'océan d'un beau bleu. Le navire est un objet de grande beauté et de puissance. Je le regarde s'éloigner jusqu'au moment où il demeure suspendu comme un petit nuage blanc, là ou ciel et terre se rencontrent à l'horizon.

Alors quelqu'un à mes côtés dit: «Ça y est. Il est parti.»

Parti où? Il a disparu de mon regard, c'est tout. Mais il est aussi haut par le mât, aussi large et profond dans sa coque qu'au moment de me quitter, et tout aussi capable de transporter sa vivante cargaison à destination.

La diminution de sa taille est en moi, dans mon regard seulement, non dans le navire lui-même. Et au moment même où quelqu'un à mes côtés s'écrie: «Ça y est, il est parti», d'autres yeux le voient arriver, et d'autres voix joyeuses sont prêtes à s'écrier: «Le voilà. Il arrive!»

C'est cela, mourir.

Les grandes sagesses, les spiritualités traditionnelles de l'humanité nous ont appris que l'univers est régi par certaines lois, dont les plus fondamentales sont les lois de l'amour inconditionnel et de l'unité de toutes choses. Si tout est un, cela est vrai autant après cette illusion de perception qu'est la mort qu'avant, ce qu'exprime la belle citation du *Can Tong Di* ci-dessus: nous ne disparaissons nulle part, nous changeons simplement de forme, d'énergie.[6]

Mais si le but de la vie est avant tout l'apprentissage de certaines lois, dont celle de l'amour, alors ne faudrait-il pas investir ses énergies avant tout dans cette direction, plutôt que dans une consommation matérielle excessive qui ne peut que retarder notre apprentissage ?

L'au-delà: pourrons-nous y emmener notre chaîne stéréo où nos investisssements ? Nos actions Philips ou Nestlé nous aideront-elles beaucoup dans notre progression ? Nos armoires bondées de vêtements, nos vidéos visionnées une ou deux fois, nos vieux livres qui s'empilent au grenier ou nos CD rarement écoutés allègeront-ils nos pas ? Même notre réputation – ou le peu qui en subsistera après vingt ans de retraite – ne nous accompagnera pas. ***La seule chose que nous emmènerons avec nous sera notre capacité à aimer, à pardonner, à partager la joie et la paix, notre compassion et notre courage et la façon unique que nous avons d'exprimer ces qualités qui constituent notre véritable identité.***

La mort ressemble étrangement à un vestiaire où nous laissons une cape plus ou moins usée appelée «corps» pour continuer notre route plus légers qu'avant. Pour ma part, je voudrais laisser aussi peu au vestiaire que possible, d'une part pour ne pas compliquer la vie du concierge et des rares héritiers que je pourrais avoir à ce moment, et d'autre part parce que, comme dans les gares, ce qu'on laisse au vestiaire est payant et pourrait alourdir la suite de mon voyage.

Mary Baker Eddy, la fondatrice de la Science chrétienne, écrit dans un ouvrage provocant et totalement original, *Science et Santé avec la clé des Ecritures*,[7] que l'on se «réveille» après la mort exactement dans le même état mental que nous avions au moment de décéder. Absolument rien de magique ne se produirait au moment de mourir, et les leçons que nous avons refusé ou choisi de ne pas apprendre dans cette école primaire, nous devrions les apprendre au «secondaire», mais peut-être moins aisément.

La peur du manque

> «Donnez donc maintenant
> Afin que la saison de donner soit vôtre
> Et non celle de vos héritiers.»
> Kahlil Gibran

Les êtres humains ont la mémoire courte.

Dans la canton du Valais, où fut rédigée une bonne partie de ce livre, une pauvreté aiguë a été le sort de la majorité des habitants des vallées jusqu'à la deuxième guerre mondiale. Une vie extrêmement simple – une «simplicité obligée» tout sauf choisie – était le sort de la plupart des habitants des pays industrialisés jusqu'au début des «Trente Glorieuses», la période de prospérité exceptionnelle qui régna en Occident depuis le début des années 1950.

La peur de la pauvreté, du manque, est encore très vivante dans le subconscient collectif de l'Occident, dont la plupart des habitants n'ont connu une certaine aisance matérielle qu'à partir des années 1960, un luxe tout relatif plus tard seulement. Et encore cette aisance, ce luxe relatif ne sont-ils possibles que parce que les deux époux ou la compagne et son compagnon travaillent. Mais ce confort matériel constitue-t-il la vraie richesse et la vraie sécurité? Son absence est-elle nécessairement un signe de pauvreté?

Ayant côtoyé la pauvreté de très près pendant plus de onze ans dans les pays du Sud, et la côtoyant tous les jours dans mon travail avec les chômeurs en fin de droit, je serais la dernière personne à romantiser la pauvreté matérielle. Elle est inacceptable et doit disparaître. Mais il existe des formes de pauvreté mentale, humaine et spirituelle qui sont bien plus tristes, et parfois même terrifiantes, comparées à celles des paysans sahéliens. Je n'ai pas besoin de les décrire, nous les côtoyons tous, tous les jours.

Paraphrasant la *Tao-Te-Ching*, ne pourrait-on pas dire de cette pauvreté: «Comment ceux qui croient ne jamais avoir assez, pourront-ils jamais être riches?» ***Et quelle pauvreté plus grande peut-il exister que celle qui consiste à rechercher la richesse en dehors de soi, quand elle est en nous?***

Certains parmi les leaders paysans du Sud ont eux-mêmes commencé à le réaliser. Je pense à un homme comme Jean-Gabriel Séni du Burkina Faso, un des premiers au Sahel à avoir commencé à organiser les paysans à la base. Cet homme qui apprit à écrire dans le sable au clair de lune après de longues journées de travail dans les champs me disait:

«En Afrique, nous sommes riches. Notre solidarité par exemple représente une grande forme de richesse. Nous sommes aussi plus heureux que vous en Europe. Le matérialisme ne fait pas le bonheur. Pour moi, un bon développement, un développement africain, ne veut pas dire imiter l'Europe, vivre en permanence une course contre la montre. Il nous faut protéger les solidarités existant entre nous, que chacun ait toujours le souci d'associer son frère à ses activités, et que l'entente africaine reste au centre de notre organisation sociale. Le matériel ne doit pas avoir la priorité. Il faut un développement complet qui permette à chacun d'avoir sa place.»[8]

La force de telles déclarations nous oblige à porter un autre regard sur notre société et sa culture. Sommes-nous prêts non seulement à les entendre, mais plus encore à les écouter? Et ne laissons pas les drames de la Somalie, du Sierra Leone, et d'autres Rwanda estomper la force de cette interrogation.

Une société dont les citoyens cherchent à pallier la peur du manque avant tout par des solutions matérielles vont engendrer d'autres formes de manque issues de ces solutions mêmes. Un revenu mimimum garanti institutionnalise une société à deux vitesses. La médicalisation croissante de la société née de la peur de la mort (sous-jacente à notre empressement à nous précipiter chez le médecin dès la première manifestation du moindre mal) crée les maladies iâtrogènes qui renforceront cette médicalisation, tant que nous ne nous responsabilisons pas pour notre santé. La fuite dans les divertissements matériels ne pourra jamais pallier au manque d'un sens à la vie qui les suscite souvent. Le «cybersex» (création de sensations érotiques intenses par la réalité virtuelle) ne remplacera jamais une relation amoureuse tendre et joyeuse basée sur le respect mutuel. Les systèmes de sécurité sociale, les retraites, fonds de pension, placements financiers divers et autres systèmes de sécurité matérielle constituent une sécurité somme toute bien fragile dans le cadre d'un système financier mondial menacé périodiquement de s'effondrer, selon certains spécialistes.

Notre vraie sécurité ne se situe-t-elle pas bien plus dans notre capacité à donner qu'à accumuler? L'être n'est-il pas infiniment plus important que l'avoir, pour paraphraser le titre du livre d'Erich Fromm?

Etre ou avoir?

> «Cette aube seule se lève
> A laquelle nous sommes éveillés.»
> H.D. Thoreau

> «Je suis arrivé à la conclusion que je n'ai pas le pouvoir de changer le monde ou même une part significative de ce dernier. Je n'ai que le pouvoir de me changer moi-même. Et la chose fascinante c'est que si je décide de me changer moi-même, il n'existe pas de force de police au monde qui puisse m'en empêcher. C'est ma décision, et si je veux le faire je peux le faire. Et il faut réaliser, que si je me change moi-même, il peut en résulter quelque chose qui peut amener à un changement dans le monde.»
> Manfred Max-Neef

Au chapitre précédent, nous avons déjà mentionné le Ladakh, cette région du Kashmir au Nord de l'Inde dont les habitants vivaient totalement en autarcie et coupés du monde jusqu'au début des années soixante-dix, quand le gouvernement indien décida de faire profiter cette région du «développement» moderne. Jusqu'alors, le Ladakh était une société où la violence était pratiquement inconnue, une société économiquement équilibrée, où le niveau de sérénité affectif et émotionnel était remarquable (ce qui est loin d'avoir été le cas de toutes les sociétés pré-industrielles).

Ecrivant dans la revue *Culture et Développement,* Helena Norberg-Lodge, sans doute le meilleur connaisseur occidental du pays, décrit les changements dramatiques dus à la modernisation : «*Dans le Ladakh traditionnel, lier le bonheur aux possessions ou au revenu était tout simplement impensable. Un profond respect pour les besoins humains de chacun et une acceptation des limites naturelles de l'environnement ont gardé les habitants du Ladakh libres d'une fausse idée de ce qui constitue la vraie valeur. Le bonheur était tout simplement une expérience vécue. Sans doute ce style de vie n'était-il pas facile selon des critères occidentaux, mais les gens remplissaient leurs besoins physiques, sociaux, spirituels et de créativité dans le contexte d'une communauté conviviale où les individus se préoccupaient les uns des autres et d'une économie de subsistance abondante. La joie qu'ils en éprouvaient était évidente.*

...Une des premières personnes d'origine étrangère admise à visiter la région, j'y ai passé depuis la moitié de chaque année, observant avec un sentiment croissant de désespoir le processus par lequel le «développement» a créé un vide dans la vie des gens, un sentiment d'infériorité dans leur perception d'eux-mêmes, et une envie de richesse matérielle. Les touristes occidentaux, les médias, les modèles éducatifs et les «progrès» techniques ont tous joué un rôle dans cette érosion d'une culture non préparée à les accueillir.

Un touriste occidental peut dépenser en une journée plus que le revenu annuel d'une famille ladakhie. En voyant cela, les Ladakhis se sentent soudain pauvres. La nouvelle comparaison crée un écart qui n'a jamais existé autrefois parce que dans le Ladakh traditionnel, les gens n'avaient pas besoin d'argent pour créer des vies riches et pleines. La société ladakhie était basée sur l'entraide et la coopération. Personne n'avait besoin d'argent pour le travail, la nourriture, l'habillement ou un toit.

...*En comparaison avec ces images* (celles des médias occidentaux sur la vie moderne, NdT) *la vie au village semble primitive, inefficace et insuffisante... L'éducation à l'Occidentale, en vulgarisant les idées occidentales sur le développement, enseigne aux enfants ladakhis à avoir honte de leurs traditions et leur vole leur estime de soi. Ils sont laissés dans une sorte de terrain vague culturel, développant des aptitudes sans rapport avec leur région tout en n'apprenant plus les techniques traditionnelles nécessaires à leur survie.»*[9]

On pourrait, sans ironie aucune, intituler ce texte: «Comment devenir pauvre en voulant être riche». Idée à rapprocher de celle d'Alan Durning qui, dans un ouvrage déjà cité, mentionne que la société de consommation nous a rendus plus pauvres en augmentant nos revenus! Et ce n'est pas par hasard que, pour introduire ce thème de l'être et de l'avoir, nous allons recourir à une comparaison avec une autre population déjà mentionnée, les Bushmen. (Ces derniers furent décrits de façon sympathique au début des années 1980 dans le film «Les dieux sont tombés sur la tête».)

L'écrivain Laurens van der Post a produit certains des plus beaux textes sur l'Afrique nés d'une plume occidentale. Enfant déjà, il fréquentait les Bushmen et apprit à aimer et admirer une ethnie vivant dans les conditions physiques et climatiques probablement les plus dures auxquelles une population humaine ait jamais eu à s'adapter.

Les Bushmen, écrit van der Post, étaient *«pauvres dans tout ce qui constituait la richesse des Européens et des Africains, mais riches au sens où ces derniers étaient pauvres: privés de choses essentielles, ils étaient riches au sens d'appartenir. L'homme occidental se meut au milieu d'un amas de confort et de possessions matérielles, seul, sans sentiment d'appartenir, malade, pauvre et affamé de sens. Quelle différence d'avec le petit Bushmen nu qui pouvait porter la totalité de ses possessions avec une main! Quelles que fussent les choses qui lui manquaient, je n'ai jamais eu le sentiment que sa vie manquait de sens.»*[10]

Nous serions, une fois de plus, les derniers à idéaliser la vie au Ladakh ou chez les Bushmen, et préférons certainement la nôtre à celle des petits hommes du Kalahari. Mais ce que soulignent tant Norberg-Lodge que van der Post est que la richesse la plus importante qui puisse exister est une vie ayant un sens clair et pertinent, une signification profonde qui donne un sens à absolument toutes les activités quotidiennes, toutes les rencontres, la détente comme le travail, la joie comme les larmes, le manger et le jeûne, l'amour comme le célibat, la vie et l'après-vie.

J'ai une amie qui vit cela de façon intense, ce qui donne une richesse exceptionnelle à sa vie qu'elle ne troquerait pas un instant pour toutes les richesses matérielles du monde. Plusieurs fois dans sa vie elle a eu la possibilité de faire carrière dans des organismes prestigieux où sécurité rime avec gros salaire. Chaque fois, elle a pris des emplois beaucoup plus modestement payés, mais où elle pouvait réaliser un travail qu'elle estimait infiniment plus valable. A un moment de sa vie, après des années de recherches pour une idée-clé «sur laquelle je pourrais me concentrer littéralement à chaque instant de ma vie», elle a décidé une fois pour toutes qu'elle allait tout simplement s'efforcer de faire absolument tout avec amour.

Cette discipline toute simple donne une direction, une force et une profondeur rares à son existence. Qu'elle parle à une conférence internationale ou vide des latrines (elle fait les deux choses périodiquement), qu'elle fasse la vaisselle, la lessive ou la méditation, donne ses cours ou fasse le marché, qu'elle s'occupe d'elle-même ou d'autrui, «Chaque instant de ma vie où je me rappelle cet engagement intérieur à tout faire avec amour déborde de sens,» m'écrivait-elle. «Je me sens littéralement millionnaire en sens de la vie. C'est comme une flamme intérieure, invisible au monde mais qui me nourrit à chaque instant. Bien que je me sente une toute petite débutante dans l'art d'aimer – à peine en première enfantine – déjà cela enrichit tant ma vie que je ne trouve pas de mots pour décrire ma joie et ma reconnaissance».

Le penseur français Pascal écrivait dans ses *Pensées* que «[L'homme] veut être heureux et ne veut qu'être heureux et ne peut ne vouloir pas l'être»[11] [c'est-à-dire ne peut pas souhaiter ne pas être heureux]. A la pensée suivante, il ajoute ce commentaire particulièrement approprié pour la société de consommation: «Si l'homme était heureux, il le serait d'autant plus qu'il serait moins diverti». Diverti doit être pris ici au sens éthymologique: détourné de son chemin, distrait.

Avec la question de l'identité et du sens de la vie, celle du bonheur n'est-elle pas la plus fondamentale que puisse se poser un être humain? Les deux sont également liées. Il est difficile d'atteindre un bonheur profond quand une vie est démunie de sens. Par ailleurs, qui voudrait opter pour un sens donné de la vie si ce dernier ne garantit pas un certain bonheur?

Du bonheur

Le bonheur irradie au travers d'une certaine qualité d'être, dans la richesse des relations humaines, dans une vie vécue dans la sérénité. Il s'exalte dans la paix intérieure et la joie immense d'être prêt à toujours pardonner. Il réside dans la capacité de s'émerveiller du sourire d'un enfant et de rire avec lui, de s'arrêter pour humer une fleur au bord de la route ou de serrer un arbre dans ses bras au plus profond d'une forêt. Le bonheur, c'est encore de vivre une vie qui soit cohérente avec ses aspirations et ses idéaux, de se retourner à soixante ou soixante-dix ans, en contemplant le chemin parcouru, et de pouvoir se dire: oui, j'ai été fidèle à moi-même, j'ai vécu une vie qui me satisfait, je peux continuer ma route avec l'assurance d'avoir fait de mon mieux, et la générosité de me pardonner quand je ne l'ai pas fait.

Chacun a son idée du bonheur. Pour moi, le bonheur, c'est se sentir intérieurement riche. Il réside dans notre capacité à donner, à recevoir et à exprimer la plus haute de toute les vertus: l'amour inconditionnel. «***Celui qui sait qu'il a assez est riche***» dit le *Tao-Te-Ching*, un livre de la sagesse chinoise – ***et dans cette***

vérité est le secret de savoir vivre plus simplement. Personne ne peut réduire à la pauvreté celui qui possède cette richesse-là, la richesse du contentement intérieur qui dépend de l'être et non de la possession ou du paraître. En effet, trop souvent, les choses que nous possédons, dans le sens exclusif de la propriété privée, ***nous*** possèdent en fait – et quel bonheur peut-il exister pour celui qui est possédé par ses propres biens ?

Le bonheur, n'est-ce pas aussi de vivre une vie qui a un sens profond – et combien de nos contemporains vivent-ils une vie dont chaque instant a un sens ? Et comment peut-on vraiment vivre sans avoir un but qui infuse tout ce que l'on entreprend d'une signification secrète, d'un sens semblable à cette pesanteur qui fait ployer les grappes dorées avant la vendange, lourdes de leur propre poids, enceintes du secret de se savoir vin en devenir ?

Le bonheur, ne serait-ce pas encore de vivre sa vie dans un esprit de service, pour un but qui la dépasse. «Tous les autres plaisirs et toutes les possessions de la vie pâlissent devant le service rendu dans un esprit de joie» affirmait Gandhi. Car servir, c'est donner, et rien ne dépasse le bonheur profond, inextinguible, du don gratuit. Comme l'écrit le poète libanais Kahlil Gibran dans son ouvrage *Le Prophète*, un des best-sellers de la littérature mondiale du XXe siècle :

Il en est qui ont peu, et qui le donnent entièrement.

Ceux-ci croient en la vie et dans la bonté de la vie, et leur coffre n'est jamais vide.

Il en est qui donnent avec joie et cette joie est leur récompense.

Il en est qui donnent avec douleur, et cette douleur est leur baptême.

Il en est qui donnent et ne ressentent ni douleur, ni joie, et ne sont pas conscients de leur vertu : ils donnent comme dans la vallée là-bas le myrte exhale son parfum dans l'espace.

Par les mains de tels êtres Dieu parle, et à travers leur regard, Il sourit à la terre...

Car en vérité, c'est la vie qui donne à la vie - alors que vous, qui imaginez être donneurs, n'êtes en réalité que témoins.»[12]

C'est encore ça, le bonheur.

Alors avant d'aller plus loin dans cette lecture, amie lectrice, ami lecteur, pourquoi n'écririez-vous pas votre propre définition du bonheur ?

Nous avons déjà vu que rarement statistique a autant voilé la vérité que le PNB et, depuis quelques années des suggestions de plus en plus nombreuses ont été avancées pour mesurer la richesse réelle d'un pays. Aussi l'auteur de ces lignes voudrait-il en toute modestie proposer une petite modification au PNB, à savoir: ajouter une petite boucle au «**P**» et le transformer en «**B**»: nous aurons ainsi le **Bonheur National Brut** (BNB) au lieu du Produit National Brut. Peut-être aurions-nous là une meilleure aune d'une véritable richesse tout autant intérieure.

Je me fais peu d'illusions sur l'empressement des économistes et des politiciens à adopter cette suggestion dans l'immédiat parce que, comme le disait Alfred Sauvy, qui était également un économiste de renom: *«L'économie politique est l'art d'empêcher les gens de s'occuper de ce qui les regarde».* Mais de plus, dans une époque vouée au culte du chiffre et de la quantité, sans même prendre la peine de vider leur tasse de thé ou de s'asseoir ne serait-ce qu'un instant sur notre proverbial tabouret de vacher, économistes et politiciens affirmeront qu'on ne peut traduire une notion aussi qualitative et subtile que le bonheur en indice. Néanmoins, il y aurait certainement d'autres façons indirectes de mesurer la présence du bonheur, comme la baisse de la criminalité, du divorce, de la drogue, des maladies mentales et psychosomatiques, etc. «Qui veut peut» dit la sagesse populaire. Mais peut-être ne veut-on pas vraiment ? Cela remettrait en effet beaucoup trop de choses en question.

A notre connaissance, le seul politicien qui ait jamais fait une suggestion similaire est le roi du Bhoutan, petit royaume enclavé dans l'Himalaya. Il déclara dans les années 1980 qu'il était plus intéressé au CNB (Contentement National Brut) qu'au PNB, mais personne ne l'a écouté, surtout pas chez les missionnaires modernes qui lui apportaient, au nom de l'Occident, la Bonne Nouvelle du développement. Aujourd'hui son pays s'occidentalise à marche forcée et ses protestations sont passées aux oubliettes.

La véritable raison de l'opposition qui se manifesterait à traduire le PNB en BNB (en se cachant derrière le faux paravent d'arguments soi-disant scientifiques), ne serait-elle pas d'un autre ordre ? Le critique d'art anglais Herbert Reed l'énonçait il y a déjà une génération : Nous savons ce que nous devrions faire, disait-il, mais nous ne le faisons pas. En effet, nous préférons l'euphorie béate d'un progrès matériel qui offre à l'humanité un niveau de vie élevé - en échange de notre liberté spirituelle.

En attendant que nos gouvernements se pressent au portillon d'une redéfinition du PNB – qui surviendra inévitablement un jour ou l'autre – pourquoi n'inventeriez-vous pas votre propre BFB (bonheur familial brut) ou BIB (bonheur individuel brut, si vous vivez seul). A l'instar des Etats qui publient chaque année les statistiques du PNB, vous pourriez inventer votre propre indice et en discuter chaque 31 décembre au réveillon. Voici à titre de simples suggestions quelques indicateurs qui pourraient entrer dans la composition de votre BFB/BIB :

– Est-ce que je me sens plus serein ?

– Mon stress a-t-il diminué

– Les achats importants que j'ai effectués pendant l'année m'ont-ils apporté l'augmentation de satisfaction et de contentement attendus ?

– Ma capacité d'aimer a-t-elle augmenté ? S'est-elle affinée, approfondie ?

– Suis-je devenu plus tolérant (joyeux, patient, calme...?) (A vous de mettre les qualités qui vous tiennent le plus à cœur).

– Notre vie de famille/de couple (ma vie de célibataire, etc.) est-elle plus satisfaisante ? Jouissons-nous plus de la compagnie les uns des autres ? Entreprenons-nous plus d'activités ensemble ?

– Est-ce que je gère mon argent/mon temps de façon plus satisfaisante ?

– Quand est-ce que je situerais le meilleur moment de ma vie ? Dans le passé – ou maintenant ?

Les mille et une autres idées qui vous viendront souligneront, si besoin était, que toute définition du bonheur est nécessairement subjective.

Et pourquoi ne pas introduire une dimension collective dans votre définition du bonheur ? En effet, il semble difficile que le bonheur profond et durable puisse exister au seul niveau individuel. On ne peut être profondément heureux dans son petit nid tant que d'autres souffrent. Comme l'écrit Mary Baker Eddy dans un ouvrage déjà cité… «*Le bonheur… n'est pas égoïste : par conséquent, il ne peut exister seul, mais demande que toute l'humanité y participe.*»[13]

Un bonheur centré sur un microcosme individuel ou familial finit par s'étriquer, s'étioler, s'affaisser sur lui-même par manque d'oxygène. Votre BFB/BIB pourrait donc bien inclure une dimension de service pour la collectivité en vue de travailler pour ***un monde qui fonctionne pour tous***, objectif qui devra nécessairement un jour devenir l'objectif commun de toute l'humanité.

CHAPITRE CINQUIÈME

Le temps de l'instant présent

Le temps, une bouteille vide?

> «Qu'est-ce donc que le temps? Si personne ne me pose la question, je sais. Si quelqu'un pose la question et que je veuille expliquer, je ne sais plus.»
> ST. AUGUSTIN

> «L'utilisation de son temps constitue une décision morale fondamentale.»
> DAVID E. SHI, *In Search of Simple Life*

Peu après l'indépendance de l'Algérie, une de mes connaissances qui voyageait dans ce pays décida de visiter le village de Beni-Yenni, à l'époque un des hauts-lieux de la merveilleuse bijouterie traditionnelle kabyle. (Haut-lieu au propre comme au figuré: le village est comme une petite couronne blanche posée au sommet d'une colline.) Il prit à Alger un vieux car brinquebalant empli de grand-mères avec leurs poules, de vieux enturbanés, de jeunes mères avec leurs enfants dans les bras et d'autres tirant à leur jupe, de quelques rares fonctionnaires cravatés, de paysans aux beaux visages burinés.

Au bout de deux heures de voyage, il descendit du car en même temps qu'un vieux paysan berbère. Il lui demanda quelle route prendre pour aller au village. Le paysan lui répondit: «Je vais vous montrer le chemin». Ils marchèrent ensemble durant une heure et demie. Arrivés au pied de la colline, le paysan lui montre le village du doigt, et lui dit: «Voilà, vous y êtes dans un petit moment». «Et vous, lui demande le Suisse, vous n'y venez pas?» «Ah, moi, lui répond le vieux, j'habite dans la direction opposée de celle où s'est arrêté le car». Ma connaissance n'en crut pas ses oreilles. Avoir fait trois heures de marche de plus pour montrer la route à un étranger! «Mais pourquoi avez-vous fait tout ce chemin?» demanda l'étranger ahuri. «Pourquoi pas?» fut simplement la réponse.

Ces deux mots reflètent toute une philosophie de la vie, tout un vécu des relations humaines, tout un rapport au temps, une autre échelle des valeurs.

Le célèbre ethnologue britannique Evans-Pritchard entreprit dans les années 1930 une étude classique des Nuer du Soudan. Il découvrit avec étonnement que les Nuer n'avaient pas dans leur vocabulaire de mot pour «temps» (le temps chrono). C'est pour nous totalement incompréhensible. Cela dépasse littéralement notre imagination – notre capacité à nous projeter dans un vécu marqué par l'absence du petit tic-tac qui stresse, plutôt qu'il ne rythme, nos jours.

Dans la même veine, un enseignant me racontait le cas d'un de ses amis, agronome avec la coopération suisse au Burkina-Faso, qui présentait une nouvelle technique agricole à des paysans, par interprète interposé. Il leur expliqua que cette technique, entre autres, leur permettrait de gagner du temps. L'interprète, très gêné, lui dit à un moment: «Monsieur, je suis désolé mais il n'existe pas d'expression pour 'gagner du temps' dans leur langue»!

Le vécu du temps dans nos sociétés est à l'opposé de ces récits. Avant toute chose, nous sommes malades du temps, parce que nous avons transformé le temps en argent, selon la célèbre formule de Benjamin Franklin, TIME IS MONEY. Nous vivons quotidiennement l'ironie féroce d'une société qui manque de plus en plus de ce qu'elle estime le plus: le temps. Comme le disait Eugène Ionesco: «Nous n'avons plus le temps de prendre du temps». Donnons un ou deux exemples, illustrations de notre propos.

Dans les années 1980, un journal suisse décrivait une étonnante méthode d'alimentation du bétail au Danemark appellée «split-feeding» (terme intraduisible en français), et qui consistait à accélérer la digestion des bovidés en leur imposant une alimentation essentiellement liquéfiée afin que cette dernière ne transite pas par la panse, un des quatre estomacs où le bétail adulte rumine ses aliments en toute tranquillité – ce qui prend bien sûr du temps (= péché de perte du temps, un des pires péchés de notre société dite d'abondance). La panse restant hermétiquement fermée, tout passait dans la caillette et la croissance des bovins était de ce fait beaucoup plus rapide.

La Conseil national de la technologie du Danemark avait accordé à l'époque d'importants subsides pour hâter la réalisation d'un projet qui devait permettre un bénéfice annuel estimé entre 200 et 300 millions de francs suisses. Nous regrettons de dire qu'aucun sondage n'avait été fait auprès des intéressés quadrupèdes pour recueillir leur opinion sur cette question. Sans doute estimait-on que cet avis n'avait que peu de poids face à l'importance du pactole escompté.

Dans son livre sur *Les nouveaux pouvoirs*[1], Alvin Toffler, sans doute le futurologue mondial le plus connu (tous se souviennent de son classique *Le choc du futur*), décrit un monde qui sera bientôt scindé entre ceux qui vont de plus en plus vite, et ceux qui, n'arrivant pas à suivre le train, seront les laissés-pour-compte du développement. Ce que Toffler appelle «l'effet d'accélération» est tellement puissant selon le consultant Howard Andersen cité par Toffler, que pour survivre «les compagnies doivent avoir un but qui prime tous les autres: la vitesse, la vitesse à tout prix... l'hypervitesse». Alors, très tranquillement, donnons quelques exemples de cette «hypervitesse».

Les «drive-ins» (guichets pour servir aux Etats-Unis les automobilistes dans leurs voitures) des restaurants Wendy ont introduit ce qu'ils appellent «Express pack», qui est constitué d'un hamburger, d'une portion de chips et d'un Coca-Cola, parce que leurs spécialistes avaient calculé que de dire «Un 'Express pack'» plutôt que de dire «Est-ce que je pourrais avoir un grand hamburger et puis… oui, mettez aussi des frites… et peut-être un coca» permettait de gagner en moyenne trois secondes par client. Si le temps c'est de l'argent, pour Wendy, il devient de l'or.

En effet, comme le souligne Toffler: «Une des choses les plus importantes à connaître concernant le fonctionnement de n'importe quel système est le 'temps chronométré', à savoir la vitesse avec laquelle il opère… Cette loi peut être définie fort simplement: quand le rythme de l'activité économique accélère, chaque unité de temps vaut de plus en plus d'argent». Pourquoi? Eh bien imaginez-vous qu'avec une certaine machine vous fabriquiez cinquante montres à l'heure. Votre bénéfice sera disons de cent unités, et vous mettriez six ans à amortir le prix de la machine. Survient une nouvelle technologie qui en produit cent à l'heure: vous feriez ***deux fois plus*** de bénéfice **dans le même temps,** et vous amortiriez votre machine en ***moitié moins de temps*** (à peu près).

Le chaîne de télévision MTV, bien connue des jeunes puisqu'elle diffuse avant tout des programmes musicaux, a introduit au début des années 1990 des interviews de politiciens qui durent, tenez-vous bien, trois secondes. On se demande quel message on peut délivrer dans ce laps de temps – à peine «Si vous votez pour moi, je vous paie une glace».

Certaines chaînes de télévision accélèrent la vitesse de passage des films, sans couper de scènes, ce qui permet de gagner 8% de temps sur un film de deux heures, donc de gagner 10 minutes pour la publicité. Comme dirait Rabelais, le temps ici est de l'argent «clinquant et trébuchant».

Sony et Panasonic produisent des machines qui coupent 10 millisecondes à chaque son, ce qui permet de diminuer la durée d'une cassette parlée de 50% sans perte de compréhension. Cela fait penser à ce qu'écrivait le grand économiste roumain, Nicolas Georgescu, le premier, à la fin des années 1960, à avoir prévu la crise écologique contemporaine quand les autres économistes baignaient dans l'huile des rouages d'une économie lancée à toute allure. Il disait que nous devions nous guérir du syndrome du rasoir électrique consistant à se raser de plus en plus vite afin d'avoir plus de temps pour travailler à un nouvel appareil qui raserait encore plus vite, *ad aeternum.*

Les ordinateurs sont devenus un des principaux instruments de l'accélération des rythmes de travail. Dans son ouvrage au titre parlant, *Time Wars* (Les guerres du temps, malheureusement pas traduit en français), le grand essayiste et militant américain Jeremy Rifkin mentionne une chaîne de supermarchés aux Etats-Unis qui enregistre et additionne chaque opération de chaque caissière. Une caissière qui s'arrêterait, ne serait-ce que deux ou trois secondes pour échanger un mot aimable avec une cliente, est ainsi pénalisée par rapport à ses camarades de travail moins conviviales.[2]

Aux Etats-Unis, environ le quart de tous les employés sont surveillés électroniquement. La revue de prospective *The Futurist,* dans un reportage sur la surveillance électronique des employés, mentionnait que les entreprises d'aviation accordaient en moyenne sept minutes par jour pour aller aux toilettes aux employés chargés de la vente et de l'enregistrement des billets. Une employée avait été licenciée parce qu'elle passait quinze minutes par jour en moyenne là où le roi même va à pied.[3]

Peut-être la production la plus importante de notre société, puisqu'elle rend possible toutes les autres, les conditionne et les oriente, est l'information. La quantité de cette information, que nous consommons tous en quantités croissantes (information qui va de la simple publicité aux documents de recherche scientifiques), prend des proportions absolument démesurées, pour ne pas dire démentielles. Elle est produite en quantités énormes, à une vitesse croissante, et dans le seul domaine scientifique sa production double tous les quatre ans environ. Le développement du réseau informatique Internet ne fait qu'aggraver une situation dont nous souffrons déjà tous, même s'il a des avantages incontestables en permettant un accès à des informations ciblées – à condition qu'on sache les trier et les localiser ! (Notons en passant que l'informatique est un des domaines où la pression à consommer et à renouveler sans cesse tant son matériel que les logiciels approche de l'aberration.)

De plus, la qualité de l'information risque de diminuer à mesure que la vitesse de production de l'information augmente. Et à mesure qu'un nombre croissant d'informations nous parviennent d'une variété croissante de sources (multimédia, réseaux informatiques et autres médias) notre capacité à trier cette production boulimique d'informations va être mise à mal. C'est la sagesse qui aide à mieux vivre, non l'information. Et la première semble une denrée de plus en plus rare !

Comble de l'ironie, comme certaines recherches sur le management l'ont souligné, loin de faciliter les décisions, la masse des informations les rend souvent plus difficiles. Comment en effet trier l'important du secondaire dans le Niagara de données sans liens les unes avec les autres qui nous submerge quotidiennement ? Et fussions-nous mêmes des CRAY III, ce superordinateur qui peut faire 38 milliards d'opérations à la seconde, serions-nous plus sages et plus heureux ?

Plus on produit d'information, moins elle a de valeur, puisque, pour la plupart des gens, nous n'avons que quelques heures par jour (et encore) pour la consommer. Et plus rapidement on la produit, plus rapidement aussi elle perd sa valeur. En effet, si je publie les cours de la bourse tous les quinze jours, leur validité sera de deux semaines. Si on les publie chaque jour, leur durée de vie utile n'est que de 24 heures. S'ils sont instantanément accessibles et *remis à jour* heure après heure (vous voyez que même le langage ne suit plus cette course !), l'information concernée perd très rapidement son utilité. Où s'arrêtera cette folle accélération ? Qui réfléchit même à ces liens entre temps et information, à part quelques rares spécialistes dont le grand public n'a jamais entendu parler ?

On parle d'un monde de désinformation par surinformation. Nous sommes en plein dedans. En effet, plusieurs enquêtes, ces dernières années, ont démontré l'ignorance effroyable du grand public sur les grands problèmes mondiaux. Et nous sommes censés vivre au siècle de l'information ? Ne serait-ce pas plutôt du bourrage de crâne sans discrimination? Nous produisons infiniment plus d'informations que le cerveau le plus génial pourrait même commencer à digérer. Cette accélération de la production d'informations a toutes sortes d'effets pervers que nous ne pouvons guère développer ici, tels que: la production de spécialistes qui connaissent à peu près tout sur presque rien, tant leur spécialité est étroite, sans parler des pauvres «généralistes» qui de plus en plus connaissent à peu près rien sur ce «tout» qu'ils sont mystérieusement censés maîtriser; la désinformation croissante due au fait que personne ne peut contrôler toutes ces données circulant dans tous les sens et au pas de course, sur tous les thèmes; et cela dans ce monde où de surcroît, tout change, en même temps, dans tous les domaines, à toute vitesse. Par ailleurs, à cause de l'extraordinaire facilité à faire de la mise en page avec des ordinateurs ordinaires, la plus petite organisation, le plus petit groupe d'intérêt sort son bulletin qui ajoute au déluge de l'information écrite que nous jetons quotidiennement sans l'avoir parcourue ou même ouverte.

Une chose demeure pourtant certaine et très visible: cette masse sans cesse renouvelée d'informations parcellaires, morcelées et incomplètes rend la vraie réflexion de plus en plus difficile. Les faits et l'information ont remplacé la pensée authentique, profonde, sans parler de la sagesse qui, on l'a déjà souligné, a pratiquement disparu de notre société comme référence culturelle. Or, peut-on vivre sans sagesse?

Simplifier la vie, ne serait-ce pas aussi commencer à trier ce flux chronophage d'informations qui n'a plus ni tête ni queue?

Voici quatre clés d'un ex-rédacteur en chef, fondateur d'une revue internationale (l'auteur de ce livre), pour vous aider à trier ce déluge d'informations:

1. Soyez extrêmement sélectifs et disciplinés dans votre lecture de journaux et périodiques, sans parler des médias électroniques. L'essentiel des informations publiées dans les périodiques est totalement inutile pour une meilleure compréhension

du monde et de son évolution. C'est ce qu'on peut appeler l'information confetti: plus on en jette, plus ça amuse. Et cela retombe n'importe où, sans éclairer. Au contraire, plus il y en a, plus on brouille les cartes.

2. Préférez la presse à la télévision (dans sa forme actuelle – pour l'avenir on verra), et faites avant tout une lecture des tendances qui façonnent et éclairent le monde actuel. A simple titre d'exemple, mentionnons les tendances démographiques et environnementales, l'évolution de la production céréalière mondiale, l'extension du chômage ou du fondamentalisme, les nouvelles orientations du droit international, etc. Il s'agit là de clés qui vous aident à mieux comprendre ce qui se prépare et ce qui se cache souvent derrière les décisions ponctuelles des politiciens. (Pour ceux qui lisent l'anglais, l'ouvrage *Vital Signs* déjà mentionné est un excellent exemple de ces grandes tendances.) Pour les autres informations, lisez le titre et le premier paragraphe, cela suffira largement la plupart du temps.

3. Et pourquoi ne pas diminuer de façon drastique vos heures de télévision ? Vous enrichissent-elles vraiment à ce point ? A part quelques rares émissions de qualité, la télévision est une des façons les moins performantes de s'informer, car 90 % des programmes visent le niveau affectif plus que rationnel. L'excellent livre de René Blind et Michael Pool, la *Télévision buissonnière*, paru chez l'éditeur de ce livre, explique clairement les raisons de cette coupe que nous suggérons, et que la place manque pour justifier ici. Il est tout à fait possible d'être une personne parfaitement bien informée sur l'évolution du monde sans jamais regarder les *étranges lucarnes*, comme *Le Canard enchaîné* avait surnommé la télévision sous le Général de Gaulle.

4. Avant tout, *méditez* ! La méditation est l'une des sources d'informations les plus fondamentales et indispensables pour toute personne qui veut simplifier sa vie, qui ne veut plus être piégée par la société de consommation. Surtout, elle est un outil

merveilleux pour qui veut comprendre qu'il n'existe pas une seule réalité, le monde matériel, mais que derrière les *apparences* de réalité du monde qui nous entoure, il existe une autre réalité qui est peut-être bien plus déterminante pour trouver un sens à sa vie et atteindre le bonheur.

La méditation vous informera sur une autre réalité, infiniment plus belle et permanente que celle perceptible par les seuls sens matériels. Vous vous restaurerez à des sources si profondes et pures que les petites fugues shopping vers le dernier centre commercial perdront tout leur attrait. La méditation vous aidera à trier vos priorités et surtout à élaguer le superflu.

Alors, pour être informés sur ce qui compte vraiment, MÉDITEZ !

Mais venons-en maintenant à votre vécu individuel du temps, vous amie lectrice ou ami lecteur. Car en fin de compte, il s'agit là de la question primordiale pour vous.

Avez-vous jamais réfléchi à ce que représente réellement pour vous le temps, autre que le mouvement des aiguilles sur une montre, elle-même rythmée par le mouvement de la Terre autour du soleil ? Que si nous vivions sur une autre planète, nous aurions un autre temps ? En aurions-nous ***plus***, même si les journées avaient 52 heures ? Ou ***moins***, si elles n'en avaient que 18 ou 15 ? Même St. Augustin y perdrait son latin – et pourtant le sien était impeccable.

Si la Terre ne tournait pas autour du soleil, le temps, et donc le vieillissement, existeraient-ils ? Depuis la publication en 1993 du livre remarquable du célèbre endocrinologue indo-américain Deepak Chopra sur le vieillissement, *Ageless Body, Timeless Mind*[4] (Un corps qui ne vieillit pas, un entendement en dehors du temps) le grand public sait que des expériences scientifiques ont démontré que le processus du vieillissement peut être physiologiquement ralenti et même temporairement inversé.

Dans un livre très stimulant et encore tout à fait d'actualité (les bons livres sont comme les grands crus : il prennent de la bouteille avec… le temps), *L'art du temps*, Jean-Louis Servan-Schreiber fait des commentaires très pertinents qui introduiront notre réflexion sur le temps :

« Le paradoxe du temps », écrit-il, *« c'est que rares sont ceux qui estiment en avoir suffisamment, alors que chacun en dispose dans sa totalité… A la différence des autres ressources, celle-ci ne peut être achetée, volée, stockée ou économisée, fabriquée, multipliée ou modifiée. On ne peut qu'en faire usage. Et si l'on ne s'en sert pas, elle n'en disparaît pas moins. Elle est, à l'évidence, la plus précieuse de toutes, puisqu'elle est la seule à ne pas être renouvelable… Nous réfléchissons bien plus à l'utilisation de notre argent, renouvelable, qu'à celui de notre temps, irremplaçable… »*[5]

Une des citations les plus pertinentes de toutes dans ce livre de lecture aisée est celle où l'auteur remarque avec ironie que « L'approche nerveuse du temps moderne conduit à ne rien faire à fond à seule fin de pouvoir en faire davantage ». Une des conséquences de cette situation, que chacun de nous peut observer, est que dans notre société nous perdons de plus en plus la capacité à réfléchir tranquillement et sereinement sur les problèmes. Chronophages invétérés, nous absorbons des quantités croissantes d'informations et de faits, mais ces derniers ne peuvent jamais remplacer le jugement personnel et la réflexion. Alors nous laissons les éditorialistes et les journalistes des médias réfléchir à notre place et sommes tout surpris de constater que nous avons abouti à créer une société où les opinions sont taillées sur mesure, préemballées, congelées, et qu'on les sort en hâte pour les réchauffer au micro-ondes mental, le temps d'une discussion sommaire.

Il est impératif, dans une telle situation, de prendre du temps – ou quelques pages – pour réfléchir sur le temps et son utilisation, de *donner du temps au temps*, formule de l'auteur reprise par un homme politique célèbre. Car une autre utilisation du temps est une des principales clés de la simplification de la vie, ***parce qu'une autre utilisation du temps implique nécessairement d'autres priorités.***

La question, nous l'avons déjà souligné, reste notre outil intellectuel le plus précieux. Commençons donc par nous poser quelques questions – à tailler quelques tabourets de vacher – sur notre utilisation personnelle du temps.

1. On a dit du temps qu'il était un récipient vide dans lequel nous versons quelque chose. De quoi est constitué mon récipient ? Qu'est-ce que j'y verse ?

2. Quand le temps finira-t-il ? Peut-il coexister avec l'éternité, ou s'excluent-ils mutuellement ? Si le temps se termine (finit ? s'évanouit ?) que trouve-t-on au-delà du temps ?

3. Certains penseurs ont exprimé l'opinion que le temps présent n'existe jamais vraiment, car ou bien il vient de s'échapper vers le passé, ou bien il attend de naître dans le futur. D'autres estiment au contraire que seul l'instant présent *existe* vraiment, et que nous ne pouvons vivre que dans cet instant (vivre par opposition à courir, se hâter vers, regretter, anticiper en permanence, etc.). Qu'en pensez-vous ? Vivez-vous intensément l'instant présent ? Voudriez-vous pouvoir le faire ? Qu'est-ce qui vous en empêche ?

4. C'est quoi, avoir « assez » de temps ?

5. D'où vient le temps ? Quand a-t-il été inventé ? Par qui ?

6. Si vous disposiez soudain d'une (trois, six) heure(s) de plus par jour, qu'en feriez-vous ? Si vous deviez amputer votre journée d'une (trois, six) heure(s), comment se présenterait votre horaire journalier ? (Cette question est une des plus importantes, car elle vous aidera à cerner vos priorités.)

7. Que pensez-vous de la définition suivante du temps : « Le temps, c'est simplement ma façon de hiérarchiser mes priorités » ?

8. Le médecin américain Gerald G. Jampolsky, auteur d'une série de best-sellers internationaux, a écrit : « *Autrefois, je pensais*

que la raison d'être du temps consistait pour moi à évaluer et juger mes propres performances, ce qui signifiait que je faisais face à des tests sans fin et d'inévitables échecs. Maintenant, je vois le temps comme offrant des chances infinies de choisir encore une fois, me présentant sans cesse avec de nouvelles occasions de modifier ma façon de penser»[6] (et par conséquent ma façon de me comporter). Le temps-contremaître transformé en temps-ami. Avez-vous le loisir de troquer l'un contre l'autre ? Cela dépend de qui? De quoi?

9. Il existe un lien très fort entre l'augmentation du stress-temps et l'accroissement de la consommation,. En effet, toute forme de consommation (visionner une vidéo, aller chez le médecin, faire du shopping, voir un match de foot, s'initier à un nouveau programme informatique, aller à l'église pour bailler aux corneilles, etc.) *prend du temps.* En ce sens, plus nous consommons, plus nous avons l'impression de manquer de temps, puisque nous concentrons un nombre croissant d'actes de consommation dans un nombre d'heures qui reste fixe. Seriez-vous prêts à diminuer certaines formes de consommation pour disposer de plus de temps ? Si oui, établissez une liste de telles consommations. N'oubliez pas d'inclure les gros chronophages comme la TV, les déplacements du week-end sans véritable objectif, etc.

10. Saint François était un jour en train de râtisser le jardin, quand des frères s'approchèrent de lui et lui demandèrent: « Frère François, si on vous disait que vous allez mourir dans une demi-heure, que feriez-vous ?» «Je continuerais à râtisser» leur répondit-il. Et vous, que feriez-vous dans une situation analogue ? Et si au lieu d'une demi-heure, le délai était d'un jour ? d'une semaine ? d'une année ?

11. Que signifie pour vous « perdre » du temps ? Gagner ou rattraper du temps ? Voler du temps ? Utilisez-vous parfois l'expression « tuer le temps »? Que révèle-t-elle sur notre vision de la vie ? Que se passe-t-il si, dans les expressions ci-dessus,

vous remplacez le terme «temps» par «vie» ? (Perdre de la vie, gagner de la vie, etc.)

Vous pouvez remettre cette réflexion à plus tard, mais vous profiterez plus de la fin du livre si vous prenez le temps d'y réfléchir maintenant.

Passons maintenant très concrètement au vécu quotidien, et faisons ensemble un petit test sur votre vécu personnel du temps. (Ce test est tiré des ateliers *Vivre Autrement*, et s'intitule: *Suis-je un impatient ?)*

Petit test de mon attitude face au temps

Soyez totalement honnête avec vous-même. Prenez le temps (!) de vraiment réfléchir à chaque réponse, car la simple prise de conscience que permet ce petit test constitue pour bien des gens une première référence sur leur vécu pratique du temps. Pour chaque question, classez-vous de 1 (très patient) à 5 (fort impatient) pour avoir une idée de votre état de stress ou de détente intérieure.

1. Quand je dois attendre dans une queue devant un guichet des PTT (d'une banque, d'une gare, d'une administration, attendre chez le médecin, etc.) et qu'une personne reste particulièrement longtemps au guichet (ou en consultation) est-ce que je m'impatiente, ou est-ce que je sais profiter de ce moment pour méditer, me détendre, penser à autre chose, observer avec intérêt mes voisins, etc.? (Je m'impatiente tout de suite:1, je me détends: 5)

....

2. Quand un conducteur sur la route ralentit inutilement ou bloque la chaussée, est-ce que je m'énerve ? (Pas du tout: 1, tout de suite: 5)

....

3. Utilisez-vous souvent le mot «vite» dans votre langage quotidien: je vais vite chez le voisin ou l'épicier, je fais vite la vaisselle ou ce téléphone, je vais vite me doucher, et… vite, et… vite encore. (Très rarement: 1, très souvent: 5)

....

4. Imaginez que l'on vous oblige à rester 48 heures dans une chambre aux murs blanchis et nus, avec uniquement un matelas et une chaise. Comment réagiriez-vous? (Je resterais parfaitement calme et je m'occuperais mentalement: 1, je serais vite angoissé(e), ce serait très dur: 5)

....

5. Quand les invités tardent à rentrer le soir, comment réagissez-vous? (Cela ne me fait absolument rien: 1, je m'énerve rapidement en pensant p. ex. aux heures de sommeil perdues: 5)

....

6. Quand vous êtes pris dans un embouteillage, restez-vous parfaitement calme en savourant ce don impromptu que la vie vous fait (=1), ou est-ce que vous vous énervez tout de suite (=5)?

....

7. Quand un imprévu vient complètement chambouler une journée soigneusement planifiée, comment réagissez-vous? (Je prends cela très philosophiquement, je réarrange calmement mon programme: 1, cela déséquilibre toute ma journée et j'ai beaucoup de peine à retrouver le calme: 5)

....

8. Quand je suis sous pression à cause d'un travail important à accomplir dans des délais très courts, est-ce que je suis capable de malgré tout mettre de côté le travail pour jouer avec mon enfant/accompagner mon épouse (mon époux, compagnon) au ciné/faire une ballade parce qu'il fait un temps superbe, etc. (=1) ou est-ce que je deviens de plus en plus stressé(e) (= 5).

....

9. Pensez-vous que cette phrase déjà citée de J.-L. Servan-Schreiber vous décrit: « L'approche nerveuse du temps moderne conduit à ne rien faire à fond à seule fin de pouvoir en faire davantage ». (Pas du tout: 1, la plupart du temps: 5)

....

10. Vous arrive-t-il de faire un détour ou de traverser la rue pour éviter quelqu'un que vous connaissez parce que vous êtes pressé ? (Classez vous de 1 à 5 selon le risque que cela se produise).

....

11. Vous est-il arrivé de ne pas répondre à l'appel d'une personne en détresse/angoissée/qui sollicitait votre compagnie/demandait un service, parce que vous étiez très pressé(e) ? (Jamais arrivé: 1, plus d'une fois: 4 ou 5 selon la fréquence)

....

12. Quand vous faites vos achats, le gain de temps que permet un produit plutôt qu'un autre critère (financier, écologique, etc.) constitue-t-il une considéaration importante dans votre décision d'achat ? (Rarement :1, très souvent: 5)

....

13. Vivez-vous plutôt dans le présent, ou plutôt dans le passé ou l'avenir ? (Presque toujours dans l'instant présent: 1, très souvent dans le passé ou l'avenir: 5)

TOTAL ....

Si vous totalisez 13 à 20 points, pourquoi ne créeriez-vous pas vos propres ateliers sur le temps ? Car vous êtes un phénomène rare dans notre société de « sprinters » permanents. De 21 à 30, vous êtes nettement dans un groupe de personnes qui commencent à bien maîtriser certaines dimensions de leur vécu du temps. De 31 à 40, vous êtes dans la bonne moyenne, ce qui signifie que vous avez devant vous plusieurs années de progrès continu dans votre vécu quotidien du temps. Au-delà de 40, il serait utile de procéder à certains remaniements importants dans votre façon de vivre. Mais réjouissez-vous, des merveilleuses découvertes vous attendent, car le calme intérieur est un état que chacun(e) peut atteindre si elle/il s'y applique.

Faisons ici une petite parenthèse à l'intention des lectrices françaises. Ne soyez pas surprises si vous êtes plus stressées que vos maris ou compagnons : la Française est une des occidentales qui a le moins de temps libre et le plus de travail domestique ! Dans tous les pays, dormir, manger et faire sa toilette occupent 42 à 48% du temps d'une journée. Or, une Française qui travaille à plein temps n'a que 28 heures de loisirs par semaine, contre 35 à 50 pour les autres pays industriels occidentaux. Passent-elles plus de temps à cuisiner ? L'enquête ne le dit pas.[7]

Nous allons maintenant faire un exercice qui constitue le cœur d'une nouvelle/meilleure gestion du temps, gestion qui est elle-même une des clés d'une vie plus simple. « Dis-moi comment tu utilises ton temps, et je te dirai qui tu es » dit la sagesse populaire. (On peut dire la même chose de l'argent.) En effet, rien ne révèle plus clairement nos véritables priorités que notre gestion du temps.

1re étape : Définissez pour vous-même ce qui constitue pour vous « perdre du temps ». (Peut-être avez-vous déjà répondu à cette question ci-dessus).

....

....

....

2e étape : Posez-vous la question : Puis-je bien/intelligemment utiliser mon temps sans avoir auparavant défini des buts de vie clairs et précis, qui me tiennent vraiment à cœur ?» Si vous répondez positivement, c'est que vous êtes vraiment un oiseau rare !

3^{E} étape: Faites une liste de vos objectifs de vie (vos priorités, vos buts) par ordre d'importance décroissante:

1. ....

2. ....

3. ....

Vous allez maintenant établir une grille de votre utilisation du temps pour une semaine typique, en classant vos heures en temps ***bien utilisé*** par rapport à vos buts de vie, en temps ***moyennement bien*** utilisé, et en temps ***mal*** utilisé – toujours en fonction de ces mêmes objectifs de vie. (Bien sûr, il existe toujours des personnes qui n'ont jamais de semaine «typique»: dans ce cas, faites le même exercice en fonction de la nature de vos activités). A la page 150 vous trouverez une grille qui représente la semaine de Gérald qui vit avec sa compagne dans une grande ville. Les trois types de hachures représentent le temps bien, moyennement et mal utilisé.

Les mots «bien», «moyennement» et «mal» utilisés sont nécessairement tout à fait subjectifs, et cela ne peut être autrement, car vous seul pouvez juger si vous gérez bien ou mal votre temps ***compte tenu de vos objectifs de vie.*** Néanmoins, pour vous aider à réfléchir à ces termes, songez que le temps plus on moins «bien» ou «mal» utilisé peut se référer à différentes choses selon les personnes.

Cet exercice – que nous appellons l'*exercice de l'agenda* dans nos ateliers – est très instructif pour nombre de personnes, car il permet souvent de faire ressortir l'écart entre les objectifs avoués de vie et la façon de vivre au quotidien. En d'autres termes, beaucoup d'entre nous souffrons d'un manque de cohérence entre la vie que nous menons et les objectifs de vie que nous disons vouloir atteindre.

Dans un de nos ateliers *Recréer sa vie*, une des participantes, que nous appellerons Marianne et qui dirige son propre centre de formation linguistique, a étonné tous les participants en tendant... une feuille blanche. Elle a ensuite expliqué que le

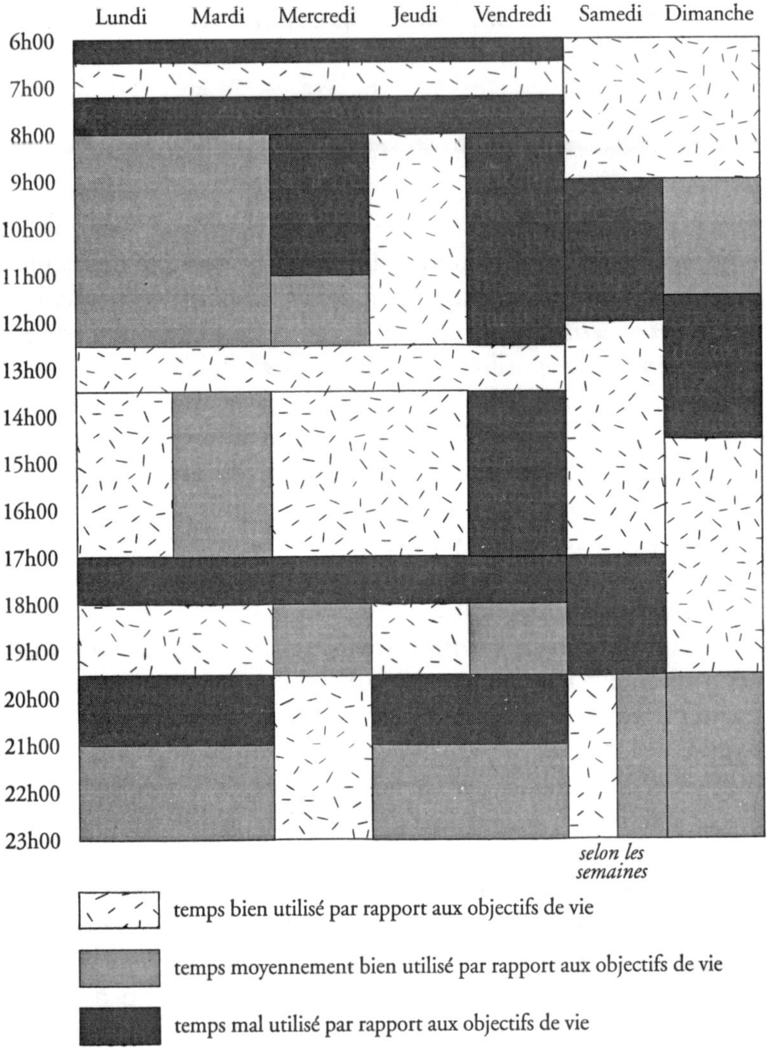

N.B. Nous avons exclu les heures de sommeil qui pour Gérald sont fort satisfaisantes.

Fig. 1 · Utilisation du temps d'une semaine type de Gérald, employé de banque (faites votre propre «grille» d'après ce modèle).

seul critère de temps «bien» ou «mal» utilisé dépendait des qualités humaines – amour, joie, intelligence, courage, disponibilité, compassion, patience, etc. qu'elle infusait dans ses activités. L'activité en elle-même était relativement secondaire. Ce qui comptait était les qualités humaines qu'elle investissait dans ses activités. Marianne avait une vie spirituelle très riche, et ses objectifs de vie se situaient d'abord au niveau spirituel. Pour elle, le temps passé à préparer amoureusement un gâteau d'anniversaire pour sa fille «valait» bien plus (était bien mieux utilisé) qu'un après-midi de cours passé avec de hauts cadres administratifs pendant lequel elle ne s'était investie qu'à moitié. Pour elle, le temps n'est pas de l'argent, le temps, c'est l'amour, ou la joie, ou la vitalité et l'imagination, etc. Bref, le temps pour elle est le vécu concret de certaines qualités humaines, jour après jour, heure après heure. Une société basée sur de telles bases fonctionnerait évidemment bien différemment de la société actuelle. Non seulement elle serait infiniment plus riche, mais elle serait aussi certainement plus sereine.

Une fois dessinée votre grille, demandez-vous:

1. Suis-je satisfait de mon utilisation du temps par rapport à mes objectifs de vie? OUI – NON

2. Si «non», comment pourrais-je l'améliorer? Quelles décisions concrètes cela impliquerait-il au niveau de l'organisation de ma vie quotidienne? Même si la réponse est positive, il y a bien des chances qu'il y ait encore des domaines où vous pourriez améliorer votre vécu du temps.

3. Suis-je vraiment prêt à faire les changements nécessaires? Si oui, suis-je prêt à définir une stratégie et des délais précis pour effectuer ces changements? Et suis-je vraiment prêt(e) à faire les sacrifices éventuels nécessaires pour les mettre en pratique? Soyez sûrs de ne pas tricher avec vous-même, car ***rien dans la vie n'est plus coûteux que de jouer à cache-cache avec soi-même.***

Si je ne suis pas prêt à faire ces changements, qu'est-ce qui m'en empêche ? Les obstacles extérieurs que j'avance peut-être («ma compagne ou mon compagnon objecterait», «cela créerait des affrontements avec les enfants ou la famille élargie», «je ne suis pas tout à fait prêt à les faire», «je commencerai au premier janvier prochain», «il me faut encore mettre un peu d'argent de côté», «que penseront de moi mes amis ou voisins», etc.) sont-ils de vrais obstacles, ou seraient-ils plutôt des paravents pour cacher ma propre indécision ?

La clarté de notre gestion du temps, la satisfaction (ou à l'inverse la frustration) que nous ressentons à son égard ne dépendent-t-elles pas avant tout de la clarté (ou du manque de clarté, de l'inconsistence) de nos priorités ? Un exercice de ce type le fait ressortir pour beaucoup de gens. Nous le constatons constamment dans nos ateliers.

Que ce soient les vrais managers ou les moines, ces personnes sont rarement pressées ou stressées, car elles ont su définir une fois pour toutes leurs priorités, les premières en apprenant à déléguer et à s'occuper des grandes décisions de politique d'entreprise, les secondes en élaguant une fois pour toutes ce qui n'est pas essentiel. Alors que beaucoup de gens avec des responsabilités infiniment moindres passent leur temps à courir sans arrêt.

Aussi paradoxal que cela puisse paraître au premier abord, la question principale de la gestion du temps n'est pas le temps lui-même, c'est-à-dire le nombre d'heures dont nous disposons, mais ***comment arriver à définir des priorités de vie claires qui, elles-mêmes, découlent d'un projet de vie cohérent.***

Plus notre désir de réaliser ce projet est important pour nous, plus facilement nous réussirons à définir des priorités claires et à nous y tenir. Pour la question de la définition de notre projet de vie, nous renvoyons au passage du chapitre IV sur la définition des buts de vie et de la stratégie pour les atteindre. Dans la mesure où la simplification de la vie s'intègre à ce projet – ce qui est plus que souhaitable – elle se réalisera tout naturellement comme une des composantes du projet. Si elle constitue LE projet de vie en soi, sa réalisation en sera d'autant plus facilitée.

Si cette intégration de la simplification de la vie dans un projet de vie plus vaste n'est pas réalisée, elle sera beaucoup plus difficile à mener à bien. En effet, nous avons vu que la simplification de la vie peut initialement demander du temps à réaliser: c'est par exemple le cas de la personne qui habite à la campagne et qui choisit de troquer la voiture contre les transports publics. C'est encore le cas de celle qui remplace le fast food par une cuisine maison qui prendra plus de temps en heures chrono, heures qui seront mieux rentabilisées au niveau de la qualité de vie. C'est le cas souvent de celle qui se soigne par des méthodes naturelles qui peuvent à court terme exiger de rester un jour ou deux à la maison, plutôt que de faire du forcing en se bourrant d'antibiotiques – mais à long terme, l'alternative forcing-médicaments-stress aboutira à une diminution de la durée de vie, donc une «perte» d'espérance de vie, donc de temps, etc. Les exemples similaires sont nombreux.

Une des principales obsessions de certaines catégories socio-professionnelles de nos sociétés est de ne pas «perdre de temps». Mais ***le vrai temps*** n'étant rien d'autre en fait que ***ma façon totalement subjective de vivre ma vie,*** il est impossible de «perdre» une vie qui vise la réalisation d'un objectif qui nous dépasse, aussi humble que soit l'activité que l'on exerce. *A contrario*, une vie passée à amasser des millions peut être totalement gaspillée si celui qui les accumule n'a pas développé sa capacité à aimer. «Rien n'est petit quand on aime beaucoup et rien n'est grand quand on aime peu» a dit un auteur anonyme. A commencer par la vie.

Cette notion bizarre de «perdre du temps» prend un relief très particulier quand on y réfléchit après la lecture de ce passage tiré du livre déjà cité de J. Rifkin sur *Les guerres du temps*, où l'auteur décrit comment les indiens Pueblos de l'Amérique du Nord abordent la construction d'une maison.

«Notre culture occidentale et contemporaine est tellement obsédée par les horaires et les échéances, les dates auxquelles une chose est due, les dates d'expiration, que nous trouverions difficile, voire impossible, de tolérer les orientations d'autres cultures à l'égard

de la planification. Prenez par exemple le simple acte de construire une maison. Notre planification dépend des fluctuations du marché immobilier, des coûts de la main-d'œuvre, des taux hypothécaires, des inventaires et de la délimitation des zones d'habitation. Etant donné ces contraintes, le but est de construire une maison dans le temps le plus court possible au moindre coût et avec la dépense d'énergie minimum.

Les Indiens Pueblos planifient leurs constructions sur la base de priorités totalement différentes. Avant même de commencer à creuser le sol, 'toutes les pensées justes doivent être présentes'. Pour les Pueblos, les pensées sont vivantes et deviennent 'partie intégrante de la structure humaine'. Les pensées sont aussi importantes pour la construction du bâtiment que les autres matériaux. Ainsi de mauvaises pensées pourraient-elles signifier la construction d'un mauvais bâtiment. S'assurer que les pensées correctes soient réunies est la responsabilité de la communauté entière. Chaque construction représente le groupe tout entier, et ne doit pas être construite avant que la communauté ait atteint un consensus concernant la présence de pensées correctes. Atteindre un tel consensus peut prendre des mois, voire des années. Les Pueblos sont tout à fait d'accord d'attendre, indépendamment du temps que demande le processus. La planification d'une construction est intimément liée pour eux aux sensibilités et aux sentiments du groupe. Elle est à l'opposé de la planification basée sur le marché, qui est dépendante de l'efficacité, du profit et de l'utilité des choses.»[8]

Dans un des meilleurs livres contemporains publiés sur le temps, les auteurs du livre *La révolution du temps choisi*[9], le Club Echange et Projets (préfacé par Jacques Delors,) soulignent que la societé moderne produit en même temps un surcroît de temps (par l'allongement de l'espérance de vie), un besoin de temps (pour consommer toujours plus), un manque de temps (dont nous souffrons presque tous) et finalement une perte de temps (les embouteillages, les accidents de la circulation qui coupent une vie dans la fleur de l'âge, etc.). Ce n'est pas un des moindres paradoxes de notre société, qui se veut tellement efficace et qui aboutit trop souvent à la démarche totalement opposée: ***la production d'une inefficacité extraordinaire, dès que l'on définit l'efficacité autrement qu'en des termes strictement et étroitement économiques.***

Des sages dans de nombreuses cultures à travers les siècles ont souligné maintes fois que le seul temps qui existe est l'instant présent. On ne peut VIVRE (à distinguer de rêver, regretter, espérer, etc.) que dans l'instant présent. Or notre société est tellement orientée vers l'avenir que nous vivons de plus en plus rarement le seul moment où il est possible de vraiment vivre: l'instant présent.

Le passé n'est en fait que ma façon de recréer par la mémoire, dans le présent, des événements déjà écoulés sur lesquels je n'ai plus aucune prise réelle, ce qui m'empêche en général d'être présent à l'instant présent. (L'exception qui confirme la règle, ce sont les bons souvenirs que l'on choisit de revivre consciemment, ce qui n'est pas le cas du regret, du remords, du ressentiment qui en général ne résultent pas d'un choix libre et conscient).

De la même façon, on ne peut vraiment ***vivre*** dans le futur, qui ne peut exister qu'au niveau de l'imaginaire, du souhait, de la peur, de l'espoir, etc. Pourtant combien de nos contemporains se projettent constamment dans l'avenir aux dépens de l'instant présent: on vit en fonction du prochain week-end, des prochaines vacances, du jour où les enfants auront quitté la maison, de la retraite qu'on anticipe impatiemment, etc.

Une prière sanscrite traduit bien la valeur du moment présent telle qu'elle est enseignée dans les grandes sagesses traditionnelles du monde:

Regarde cette journée: c'est la vie
La vraie vie de la vie.

Dans son bref déroulement il y a toute la vérité
et la réalité de ton existence: l'épanouissement de la croissance
et la splendeur de la beauté,
la gloire de l'action.

Hier est déjà un rêve
et demain n'est encore qu'une vision.
Bien vivre le jour présent
transforme chaque jour d'hier
en rêve de bonheur,
et chaque lendemain
en vision d'espérance.

Regarde donc bien ce jour:
Tel est le salut de l'aube.

Alors peut-être la vie simple commence-t-elle simplement par… un ralentissement du rythme frénétique de notre vie ? Cela nous donnerait le temps de rentrer en nous-mêmes, et peut-être y trouverions-nous un puits si beau, si limpide, si profond que tant de consommations inutiles s'évanouiraient d'elles-mêmes, sans effort aucun de notre part, tellement elles sembleront vides, pâlottes et sans substance, comparées à ce jaillissement intérieur de vie que nous trouverions en nous.

Mais la meilleure façon de ralentir ne serait-elle pas, une fois de plus, l'apprentissage de la discipline consistant à s'investir totalement dans le moment présent? Car seul un tel investissement permet réellement de transformer ce temps qui *s'enfuit* en temps qui *mûrit*, à l'instar de ces belles grappes de raisin dorées de l'automne prêtes à la vendange. Cette joyeuse discipline permet de vivre des heures enceintes du poids du sens, de réinvestir nos vies au lieu d'en hypothéquer les instants présents si riches au profit du miroir aux alouettes d'un avenir que nous poursuivons à un rythme toujours plus frénétique. Car ce temps TGV à la poursuite de lui-même, martelant les heures comme les boggies de l'Intercity martelle les voies d'un **toujours plus vite, toujours plus vite, toujours plus vite…** endiablé nous tue.

Dans un livre où il étudie la réalisation de soi de cinq cents personnages historiques connus de toutes les cultures (mais surtout des Occidentaux), un maître italien contemporain de la psychosynthèse, Piero Ferrucci, décrit six chemins différents pour atteindre l'épanouissement. Commentant le chemin qu'il appelle le Chemin de l'Action, Ferrucci nous dit qu'il est caractérisé par la précision, le respect et la présence au moment présent.

«La précision est une victoire sur l'approximation et l'esprit d'amateur, la hâte et l'oubli, la tendance à faire les choses à moitié et de se tromper soi-même. Cela signifie répondre tout de suite aux lettres, garder les choses en ordre, laver la vaisselle avec soin, épousseter là même où la poussière n'est pas visible. En d'autres termes, compléter la tâche dans toutes ses dimensions, quelle qu'elle soit, et la terminer bien. On a dit que Dieu était dans les détails!

Le respect signifie apporter toute son attention à la situation présente, plutôt que d'y faire face avec indifférence ou hostilité. Cela signifie accorder aux circonstances ordinaires l'attention que nous donnerions aux notabilités et aux puissants, et de faire face à chaque instant comme s'il était aussi lourd de signification qu'un millénaire.

La présence signifie se donner cent pour cent à une situation, sans laisser nos pensées être distraites soit par l'attrait des événements à venir, soit par le ressassement d'expériences non assimilées. ***Chaque acte sert à concentrer l'esprit sur le moment présent.*** »[10]

Alors, si vous voulez commencer à simplifier votre vie, peut-être trouverez-vous utile de vous entraîner à être totalement présent au présent – que ce soit en mangeant, en faisant votre lit, en laçant vos chaussures, en vous promenant dans la rue, au travail ou en faisant du sport. Vous trouverez une satisfaction croissante dans la vie, car une grande partie de l'insatisfaction de nos contemporains vient justement de leur absence au moment présent. En effet, comment être profondément satisfait, si on ne s'investit jamais totalement et à fond? On cherchera nécessairement dans des choses ou dans des projets futurs ce contentement profond qui est pourtant à notre portée *dès à présent.*

Simplifier sa vie. C'est également découvrir cette trame sur laquelle nous tissons les événements de notre vie et qui les relie tous, tout en leur donnant un sens. C'est composer ce *cantus firmus* (la mélodie de base) des cantates de Bach – quand cette mélodie est ferme et claire, le contrepoint peut se développer à l'infini. Quelle unité ce fil d'Ariane ne mettrait-il pas dans nos vies ? Quelle simplicité merveilleuse cela ne donnerait-il pas à nos pensées, et par là à toute notre existence ?

CHAPITRE SIXIÈME

L'argent ou ma précieuse énergie de vie

> « L'argent ne rendit jamais un homme heureux et ne le peut pas. Il n'y a rien dans sa nature qui puisse produire le bonheur. Plus un homme en possède, plus il désire en posséder. Au lieu de remplir un vide, il en crée un. »
> BENJAMIN FRANKLIN

Il y a quelques années, je voyageais sur un Intercity qui savait, lui, où il allait. En fait, il allait de Saint-Gall à Genève. J'étais en train de lire un texte métaphysique sur l'immortalité. Soudain, pour la première fois, je compris vraiment que ma véritable identité était immortelle. Cette compréhension n'était pas de nature intellectuelle (ce type de compréhension reste souvent assez superficielle), mais ressemblait plus à une intuition qui transperça en quelque sorte tout mon être, une illumination intense et très concrète de ma vision des choses.

Je sentis que même si mon corps physique devait se décomposer un jour (ce qui semble une probabilité encore raisonnablement élevée vu mon niveau encore fort modeste de démonstration des vérités éternelles), tel un vieux manteau dont on se débarrasse une fois qu'il a bien servi, mon vrai « moi » ou plutôt mon vrai Soi continuerait son existence comme si de rien n'était. (Ce vrai Soi est cet espace intérieur intangible dont parlent les grandes sagesses de l'humanité depuis la nuit des temps, et qui n'est jamais touché par les tempêtes matérielles et mentales de la vie.) C'était à la fois réconfortant et surtout étonnamment joyeux – une joie intense, sereine et lumineuse.

Tout d'un coup, à cet instant précis, quelque chose bascula. Je perdis mon sentiment de possession personnelle de l'argent. Et dès lors, je ressentis une liberté croissante à l'égard de ce dernier. L'argent, depuis, n'est plus cette chose que l'on possède, mais une énergie dont je suis le simple gestionnaire, au même titre que mon temps, ma santé, mes amitiés ou mon mariage.

Autrefois, quand j'avais le sentiment de « posséder » de l'argent (c'était l'époque où j'utilisais encore l'expression curieuse « mon argent »), si on m'en demandait, soit j'en donnais et me sentais plus ou moins vertueux, soit je le refusais et me sentais souvent coupable.

Depuis, tout a changé. Quand on me demande des sous – que ce soit dans la rue, à la demande d'un ami, d'une organisation, que sais-je – la seule question qui se pose est la suivante : est-il juste, en l'occurrence, de donner cet argent ? (En fait, de servir de relais à une certaine quantité d'énergie – car l'argent, loin d'être une chose, est avant tout une information donnée sous forme symbolique sur la valeur d'un objet ou d'un service, ou encore l'expression d'une certaine énergie – par exemple quand on fait un cadeau à un ami). Cet argent sera-t-il utile ? La dépense justifiée ? Aidera-t-il la personne à progresser dans son chemin de vie ? Il m'est ainsi arrivé de donner une très grosse somme sans la moindre arrière-pensée, avec une immense joie, et de refuser deux francs dans la rue à quelqu'un dont je sentais soit qu'il n'allait certainement pas en faire un bon usage, soit que le prétexte donné était faux.

Dans un monde aussi totalement instable que le nôtre, où peu de gens sont à l'abri de la violence ou du manque, notre vraie richesse et notre vraie sécurité ne peuvent se trouver dans un compte en banque. Elles résident uniquement dans ce que nous sommes, dans la conscience que nous avons de nos talents, notre créativité, notre capacité à nous adapter à toute situation.

Si demain nous devions tout perdre sur le plan matériel, seules notre créativité, notre débrouillardise et notre façon de regarder les choses positivement nous permettraient de survivre.

Nous prenons donc comme postulat de départ que l'argent ne fait pas le bonheur, tout en soulignant que, dans une société comme la nôtre, un certaine aisance matérielle est évidemment nécessaire pour vivre décemment. Mais entre ce qui est nécessaire, indispensable même, pour mener une vie utile et joyeuse et ce que la plupart de nos contemporains pensent nécessaire, la marge est immense.

Ah, la bonne soupe à l'oseille !

Le fric, la braise, le flouse, le cash, le pognon, le blé, l'artiche, l'oseille… qu'il soit chaud ou froid, recyclé ou repassé, propre ou sale, les nombreuses dénominations de l'argent dans le langage populaire montrent son importance pour le commun des mortels. Nous vivons dans une société où les gens ont des rapports particulièrement complexes, souvent compliqués, voire tourmentés avec l'argent. Nous voudrions dans les quelques pages qui suivent indiquer des pistes pour établir des liens d'amitié avec notre argent, plutôt que de confrontation saccadée ou de possession inquiète, quand ce n'est pas coupable. Cela représente une étape indispensable pour simplifier sa vie.

Comme les liens individuels avec l'argent sont aussi le reflet du type de société dans laquelle nous vivons, posons pour commencer quelques brefs jalons sur sa dimension collective.

Il est un fait que l'argent semble devenir de plus en plus une obsession pour nombre de nos contemporains, et avant tout pour le système économique international. Alors que l'argent ne devrait être en lui-même qu'une source d'informations sur la valeur relative des biens et services, il est devenu, surtout par le mécanisme de l'intérêt, en lui-même une source de richesse.

Plus vous avez de l'argent, plus vous pouvez en amasser, soit en le laissant simplement dans une banque (qui l'utilise à son tour), soit en l'investissant directement.

L'argent fascine de plus en plus, et devient de plus en plus l'objet de toutes les convoitises. Il est le but de la plus vaste entreprise de spéculation jamais connue dans l'histoire. Ainsi, en 1975, les dix milliards de dollars qui s'échangeaient chaque jour sur les places financières mondiales étaient presque totalement réinvestis pour la création de nouveaux biens et services. En 1990, c'était 200 milliards de dollars qui s'échangeaient quotidiennement sur ces mêmes places financières, dont seulement 20 milliards étaient réinvestis de façon productive. En 1995, 1000 milliards de dollars s'échangeaient chaque jour, essentiellement à des fins spéculatives, puisque seulement 25 milliards étaient réinvestis pour la création de biens et services. En d'autres termes, en 20 ans les sommes investies pour créer de nouveaux biens et services ont augmenté 2,5 fois, celles destinées à la spéculation de près de 100 fois.[1]

«L'argent est devenu une matière première ayant une valeur en elle-même» a dit le professeur Garelli de l'IMD de Lausanne[2]. Le montant des transactions financières représente selon lui cinquante fois celui des transactions commerciales. Trop souvent, les marchés financiers imposent leurs propres règles à des Etats de plus en plus réduits au rôle de spectateurs impuissants.

Le monde entier semble voué à une véritable boulimie de l'argent. Jamais l'expression «l'argent n'a pas d'odeur» ne semble avoir triomphé autant qu'à ce jour. Ainsi le bulletin du Centre Info de Fribourg[3], spécialisé dans les questions de gestion éthique de l'argent, révèle qu'aux Etats-Unis on a créé un fond d'investissement *anti*-éthique, (qui fait pendant aux fonds d'investissement à orientation éthique créés depuis quelques années), dénommé «Mutual Fun-Fund» qui rassemble dans son portefeuille producteurs d'énergie atomique, jeux d'argent et... industrie pornographique. Le fonds se porte comme un charme, puisque son taux de rendement s'élève depuis 1989 à 12% par année, en faisant un investissement fort juteux.

C'est le mécanisme de l'intérêt qui fait de l'argent le monstre qu'il est devenu aux plans bancaire et financier. Si vous aviez placé un franc suisse au taux de 3 % dans une banque à la naissance de Jésus, grâce à l'intérêt composé (1.03^{2000}), avec les intérêts produits par ce franc sur une période de 2000 ans, vous pourriez acheter en l'an deux mille une quantité d'or pur qui recouvrirait la planète d'une couche d'or de...3,8 km ! A un taux de 4 %, la quantité d'or équivaudrait à... deux mille fois le poids de la planète.[4]

Quelque chose ne tourne pas rond dans un système économique où la simple possession de l'argent (par exemple par héritage) permet à certains de s'enrichir en se tournant littéralement les pouces, alors que d'autres qui ont des qualifications réelles sur le plan professionnel ne trouvent pas de travail. L'argent, disait Francis Bacon, est comme le fumier: il ne sert que s'il est épandu, étalé. Dans le monde contemporain, c'est le contraire qui se passe. Partout, que ce soit dans les pays du Sud, ceux du Nord, ou encore entre le Nord et le Sud, les écarts entre les pauvres et les riches ne cessent de se creuser. Un dossier sur l'inégalité dans les pays occidentaux paru en 1994 dans *The Economist* montrait que la bonne Helvétie était au quatrième rang des pays industrialisés mesuré à l'écart entre les 20 % les plus riches de la population et les 20 % les plus pauvres, la palme revenant aux Etats-Unis, où la paupérisation d'une grande partie de la population se poursuit à un rythme accéléré.[5]

Notre propos n'étant pas l'analyse de l'économie internationale, mais bien nos liens face à l'argent comme personnes, venons-en à sa dimension individuelle. Car si le nerf de la guerre comme on appelle l'argent obsède à ce point les sociétés, c'est bien parce que les individus qui le composent n'ont pas réussi à conclure la paix avec lui.

Une des définitions les plus originales de l'argent nous est fournie par deux Américains déjà cités, Joe Dominguez et Vicki Robin, auteurs d'un best-seller surprenant sur la gestion de ses revenus au niveau personnel. Cet ouvrage, qui vise à aider les gens à atteindre l'indépendance financière, notamment par la simplification de la vie, définit l'argent comme ***une chose contre laquelle nous troquons notre énergie de vie*** (ce qui est le cas de tous ceux qui doivent «gagner» leur vie). En effet, le temps que vous «vendez» à votre employeur correspond à une certaine énergie de vie que vous troquez contre des sous. Les auteurs font au sujet de ce revenu le calcul original ci-contre.

Le revenu net du travail

1. La première étape consiste à calculer ce que nous rapporte réellement notre travail, en d'autres termes le *revenu net du travail* une fois que nous avons déduit ce que nous avons investi uniquement pour garder cet emploi (par exemple en dépenses d'habillement pour une personne qui est dans la représentation ou les relations publiques, en trajets pour aller au travail, etc.). Cela peut être très différent du calcul théorique que font la plupart des gens.

Prenons le cas d'une personne qui travaille 40 heures par semaine, soit 176 heures par mois, pour 5800 francs suisses. ***(Pour les chiffres en francs français, multiplier par quatre, en francs belges par vingt-cinq).*** Elle gagne 1320 francs suisses par semaine, ou encore 33 francs suisses de l'heure. Mais ce calcul est très articifiel, car il ne tient pas compte de ce que nous investissons simplement pour maintenir l'emploi. En effet, le stress (souvent croissant de nos jours) produit par l'emploi, l'éloignement de ce dernier du domicile, les coûts supplémentaires de garderie (si la mère vit seule ou n'a personne pour s'occuper de l'enfant) etc., suscitent toutes sortes de coûts supplémentaires. Si vous tenez compte de tous ces coûts, en partant des 33 francs, théoriques ci-dessus, vous arriverez en général à un revenu réel net beaucoup plus modeste et qui pourrait modifier considérablement votre façon de dépenser l'argent.

Nous donnons ci-contre un exemple-type. Chacun modifiera les données en fonction de son expérience personnelle.

Calcul du revenu net réel du travail, en francs suisses
NB : Mettez sur la ligne pointillée les chiffres se rapportant à vous

Activité	Nombre d'heures par semaine pour cette activité	Coûts en FS par semaine
Transport (voiture)	2 × 30 min./jour (15 km)	54 FS (72 cts/km)
	....	....
Repas au restaurant ou à la cantine, cafés, boissons diverses	7 heures (env. 1h25/jr)	100 FS (20 F/jr)
	....	....
Détente de compensation (spectacles, TV, vidéos, etc.)	8 heures	30 FS
	....	....
Vacances « dépaysement » (15 jours par an)	2 heures par semaine sur 48 semaines	63 FS (sur 48 semaines travaillées)
	....	....
Maladies dues au stress	1 heure	10FS non remboursées
....	....	....
Vêtements, maquillage, rasage, etc.	1 heure	27 FS
....	....	....
Autres (fitness, sauna, etc.)	2 heures	50 FS
....	....	....
Coût	+26 heures	–334 FS
	....	....

D'après les réactions que nous avons dans nos ateliers, les chiffres cités dans l'exemple pêchent certainement par prudence.

Dans la colonne de gauche, vous trouverez des activités liées au travail, dans la deuxième colonne, le nombre d'heures par semaine consacrées à cette activité, et dans la troisième colonne le coût de l'activité en question et qui devra être déduite de la somme nette que vous voyez sur votre fiche de paie (indépendamment de vos impôts). Cela vous donnera le prix réel que vous rapporte une heure de travail. Ce tableau est expliqué et commenté en dessous.

Commentons ce tableau.

Transport: la grande majorité des gens se déplacent pour aller au travail. Un déplacement moyen de 1 heure par jour reste probablement en-deça de la moyenne, surtout pour les personnes habitant dans une grande ville, ou venant de la campagne. Ce temps inclut le temps pour chercher un parking, aller du parking au bureau, etc.

Repas, etc. En plus du temps pour manger strictement dit, la plupart des gens prennent de temps en temps un «pot» avec des collègues ou amis après le travail, pour se détendre. Les personnes qui avalent en vitesse un sandwich sur les lieux du travail et ne vont jamais prendre un café avec des collègues modifieront ce chiffre... mais devront peut-être augmenter les dépenses dues aux maladies causées par le stress ! Une fois de plus, ces chiffres ont été testés dans nos ateliers, et les participants les estiment en général fort prudents

Détente de compensation: c'est peut-être le plus conservateur de tous les chiffres cités. En Suisse – et les chiffres sont presque identiques pour la France et la Belgique – la moyenne de visionnement de la TV passe de 114 minutes/jour pour les jeunes de 15-24 ans à 254 minutes pour leurs aînés de 64 ans et plus (130 minutes pour les 25-44 ans, et 160 pour les 45-63).[6] Si on y ajoute le temps passé à des matches sportifs, les vidéos louées ou achetées, les concerts, les virées en voiture le week-end, etc., en d'autres termes les loisirs consommés passivement, par opposition aux loisirs créatifs (chant, théâtre, amis, promenades dans la nature, etc.), le chiffre de 30 francs suisses par semaine devrait certainement être multiplié plusieurs fois pour beaucoup de gens. Mais une fois de plus, ce qui compte dans cet exemple est la démarche plus que tel ou tel chiffre précis sujet à discussion.

Vacances de dépaysement: le terme «évasion», un des termes publicitaires les plus utilisés du langage des agences de voyage, définit bien ce que représentent les vacances pour beaucoup de gens. En général on s'évade d'une prison, ou d'une activité qui nous pèse: on ne s'évade pas de sa méditation ou d'une promenade en forêt! Le calcul est basé sur une somme de 3000 francs suisses par an, ce qui reste très en-deça de la moyenne dès qu'on tient compte de la famille et du fait qu'un nombre très élevé de Suisses partent chaque année en vacances à l'étranger, souvent dans le Tiers-Monde. En divisant ces 3000 francs suisses par 48 semaines travaillées, on arrive au chiffre de 63 francs suisses par semaine. Nous avons de plus estimé que seulement deux semaines de vacances sur les quatre sont des semaines «dépaysement» (ou anti-stress), les autres étant des vacances «normales».

Maladies dues au stress: ici encore, notre estimation est certainement modeste – le total fait à peine un peu plus d'une semaine de maladie par an. Cela tient compte du fait que le travail n'est qu'une des sources de stress parmi beaucoup d'autres. Nous avons estimé que les coûts non remboursés par les caisses maladie pouvaient se monter à 10 francs suisses par semaine (massages divers, tisanes, et surtout les franchises d'assurance, etc.)

Vêtements, maquillage, produits de toilette divers: certaines personnes ont besoin d'être toujours tirées à quatre épingles pour leur travail, ou dépensent en tout cas bien plus que si elles travaillaient chez elles. Selon les femmes participantes à nos ateliers, le chiffre d'une heure par semaine pour le maquillage est ridiculement bas – tant mieux, on ne m'accusera pas d'exagérer. Mais il faut aussi tenir compte du fait que les hommes, eux, utilisent bien moins de temps.

Sous «Autres» il faut grouper toutes les activités que l'on entreprend pour compenser différentes tensions suscitées par le travail, ainsi que des habitudes engendrées par ce dernier (la demi-heure passée dans un bar avec les camarades). Certains vont régulièrement au fitness, au sauna, etc.

Si l'on additionne le temps supplémentaire qu'on consacre à ces activités causées par le travail, on arrive à la somme de vingt-six heures par semaine. Les dépenses occasionnées par ces activités, elles, se montent à 334 francs par semaine. On peut donc dire que la personne en question, pour maintenir son emploi, utilise 40+26 heures par semaine, soit 66 heures. Ses revenus nets réels produits par le travail rétrécissent, puisqu'il lui faut amputer 334 francs suisses sur les 1320 francs suisses qu'elle gagne par semaine, ce qui lui laisse un solde de 986 francs suisses.

Divisons maintenant ce revenu net par les heures investies pour maintenir le travail :

$$\frac{986 \text{ FS } (3944 \text{ FF})}{66 \text{ heures}} = 14.93 \text{ FS, arrondis à } 15 \text{ FS } (60 \text{ FF})$$

Si on suit ce calcul – et certains sans doute le contesteront, d'autres le modifieront substantiellement – son travail rapporte en fait 15 francs suisses (60 francs français) l'heure plutôt que les 33 francs suisses (132 francs français) bruts initiaux.

En d'autres termes, cette personne gagne 15 francs suisses (60 francs français) pour chaque heure de sa précieuse énergie de vie consacrée au travail. ***Chaque fois qu'elle dépense 15 francs suisses (60 francs français) à l'achat d'un objet, elle troque en fait une heure de sa vie. C'est là le but de base de ce calcul : vous permettre de traduire en heures d'énergie vitale – votre précieuse***

énergie de vie – tous vos achats. Même si vous rejetez en bloc la démarche ci-dessus, vous pouvez adopter l'approche qui consiste à vous dire : quand j'achète pour x francs de marchandise ou de services, j'investis une heure (ou plus) de mon énergie de vie. Est-ce que cela vaut vraiment la peine ou ne voudrais-je pas opérer un autre calcul ?

Si vous étiez comme Kaveh Alamouti, un négociant de la banque japonaise Tokai de Londres, qui gagne près de 90 000 dollars par jour, soit 188 dollars à la minute (environ 250 francs suisses ou 1000 francs français au moment de rédiger ces lignes), sans doute n'hésiteriez-vous pas à acheter la plupart des choses qui vous font envie, comme cette chaîne hi-fi super luxe à 15 000 francs suisses (60 000 francs français), puisqu'elle ne représente qu'une heure de travail. Mais si vous appartenez au commun des mortels, et que cela représente plusieurs centaines d'heures d'énergie de vie irremplaçable, peut-être ferez vous un autre calcul.

Alors chaque fois que vous faites un achat relativement important, posez-vous la question : ***est-ce que j'ai vraiment envie d'investir X heures de mon énergie de vie irremplaçable, précieuse par dessus toutes, dans ce produit ? Ce service ?*** Est-ce que je veux vraiment payer le fitness pour m'aider à rester en forme, alors que je peux obtenir exactement le même résultat en m'exerçant moi-même ? (Si vous répondez positivement, au moins sera-ce en connaissance de cause). Suis-je vraiment prêt à dépenser cette fortune en aliments bio, alors que je peux atteindre les mêmes résultats avec des graines germées que je fais pousser chez moi, et surtout par une discipline de pensée qui m'aide à maintenir mon corps en forme, tout en renforçant mon système auto-immunitaire ? Suis-je prêt à investir une ou deux heures de mon énergie de vie dans cette cassette vidéo que je ne regarderai peut-être même pas deux fois ?

2. La deuxième étape de la démarche de Dominguez et Robin consiste à engager le lecteur à examiner toutes ses dépenses à la lumière de ses valeurs fondamentales et à se demander: pour être plus cohérent avec mes valeurs, devrais-je augmenter ou diminuer telle ou telle dépense?

Prenons un exemple.

Aline est une écolo «bon teint». Elle est cadre moyen et gagne très bien sa vie. Elle roule dans une voiture de sport qui lui coûte 900 francs suisses par mois et utilise beaucoup de produits de beauté des grandes marques classiques (testés sur des animaux). Si elle veut être plus cohérente, elle pourait troquer sa voiture contre un scooter, ou même les transports publics et acheter ses produits de beauté au Body Shop.

Dominguez et Robin nous suggèrent d'établir un tableau similaire à celui-ci (nous avons un peu adapté leur modèle), en vue de répondre à deux questions de base:

1. Cette dépense de mon énergie de vie m'apporte-t-elle un réel épanouissement?

2. Cette dépense est-elle cohérente par rapport à mes valeurs de base et mes objectifs de vie?

Chaque lecteur modifiera le tableau suivant en fonction de son propre budget et de sa façon de dépenser son argent/énergie de vie irremplaçable. A chacun de décider s'il veut faire le tableau sur une base hebdomadaire ou mensuelle. Le tableau est avant tout un exercice de réflexion, qui doit produire quelques bons «tabourets de vacher» vous permettant de progresser dans votre recherche de cohérence.

Dans le tableau de la page 173:
h/EVi = heures d'énergie vitale, S = satisfaction, C = Cohérence

S se réfère au fait que la dépense en question m'a apporté une réelle satisfaction sans excès, et C se rapporte au degré de cohérence entre la dépense et mes valeurs fondamentales ou mes objectifs de vie (qui devraient se recouper).

La première question – la notion de satisfaction est nécessairement subjective – vous seul pouvez la définir. Ayez le courage d'être vraiment clair et exigeant face à vous-même en répondant à cette question. La satisfaction sans excès auquel il est fait allusion ici est un état de contentement intérieur profond, quelque chose de durable, de substantiel, non une satisfaction passagère. Imaginez que vous ayez dépensé une fortune pour organiser chez vous une soirée dansante pour laquelle vous avez reçu les vivats de vos amis, et une satisfaction momentanée intense, mais qui s'évanouit très rapidement. Est-ce là une véritable satisfaction ? Imaginez maintenant que vous ayez dépensé la même somme pour louer une roulotte et des chevaux, pour inviter des amis et leurs enfants pour une semaine de vacances à l'aventure sur des routes de campagne. Cela vous laisse un souvenir lumineux, et vous y penserez durant des années. Il y a de fortes chances que cette deuxième activité soit plus proche de la véritable satisfaction, qui laisse presque toujours un souvenir profond, durable, joyeux.

A mesure que vous prenez l'habitude de vous poser la question de la satisfaction ***réelle*** que vous procure telle ou telle dépense, votre jugement intérieur s'affinera, deviendra de plus en plus clair et rapide. Vous verrez qu'il s'applique aussi aisément aux petites choses de la vie qu'aux grandes.

Comment différencier le désir passager d'une réelle satisfaction, (« ce point d'équilibre parfait où les désirs disparaissent parce qu'ils ont été parfaitement remplis » pour citer les auteurs de *La bourse ou la vie*) ? Ce point d'équilibre correspond au moment où une consommation moindre nous laisserait sur notre faim – au propre ou au figuré – et une consommation supplémentaire serait de trop. Nous savons tous par expérience, lors d'un repas, ce point d'équilibre où l'on a mangé juste assez pour se lever de table en se sentant parfaitement bien, avec un souvenir émerveillé de ce qui fut une superbe expérience gastronomique, et ce point où on a juste trop forcé sur le dessert, avec une impression de lourdeur qui hypothèque toute notre jouissance.

Comme l'écrivent Dominguez et Robin : « *Avoir un étalon intérieur de la satisfaction constitue une dimension de ce que nous appelons l'intégrité financière. Vous commencez à opérer vos choix, indépendamment de ce que la publicité et l'industrie ont décidé être bon pour leurs affaires. Vous êtes libres de l'humiliation consistant à dépenser votre énergie de vie sur des choses qui ne contribuent pas à votre épanouissement… C'est une forme d'indépendance financière de pouvoir dire 'non' à des dépenses que l'on ne maîtrise pas* ».[7]

Le mot « humiliation » choisi par les auteurs est capital. Nous portons atteinte à notre intégrité et nous nous laissons diminuer chaque fois que nous « craquons » pour un produit ou un service dont nous ne voyons pas vraiment l'utilité ou le besoin. Est-il donc surprenant que tant de personnes se sentent si mal dans leur peau ? Elles trichent avec elles-mêmes, vendent leur intégrité, ou plutôt elles paient pour vendre leur intégrité contre un plat de goulasch.

La deuxième question – celle qui concerne la cohérence de la dépense d'énergie de vie – est peut-être plus facile. Il existe une manière très simple de vérifier si vous vivez les valeurs auxquelles vous dites tenir. Pour chaque dépense, vous vous posez la question : « Cette dépense de mon énergie de vie est-elle cohérente par rapport à mes valeurs, aux objectifs que je me suis fixés dans la vie ? »

Comment remplir le tableau : dans la partie du haut, vous indiquez les chiffres réels de vos dépenses (nous avons mis des chiffres fictifs simplement pour montrer comment le tableau fonctionne). Dans la partie du bas, il y a trois lignes à remplir:

h/EVi : vous traduisez ici vos dépenses mesurées en francs, en heures d'énergie vitale. Ainsi si vous gagnez réellement 15 francs suisses. (60 francs français) de l'heure comme dans le tableau précédent, et dépensez 75 francs suisses (300 francs français) en téléphone par semaine, cela équivaut à cinq heures d'énergie de vie, et vous mettrez cinq heures dans la colonne correspondante.

Tableau de cohérence de mes dépenses mensuelles

Cas d'une personne gagnant 25 FS réels l'heure

(La première ligne de chiffres représente des francs suisses)
Pour les chiffres en FF, multiplier par quatre, en FB par 25

	Alimentation		Habillement		Santé	Dons	Divertissements		PTT	Loyer	Transport	Epargne
	Domic.	Extér.	Person.	Trav.			Ski	Autres				
	750	230	55	70	350	200	350	125	560	1480	660	600
h/Evi (25F/h)	30	9.2	2.2	2.8	14	8	14	6	22.4	59.2	26.4	24
S	OK	–	OK	–	–	+	–	+	+	OK	–	+
C	–	–	OK	–	–	+	–	+	–	OK	–	OK

S (Satisfaction): Si cette dépense vous a donné une telle satisfaction que vous voudriez encore l'augmenter, vous indiquez un + dans la case correspondante. Dans le cas contraire, si cette dépense vous a amené relativement peu de satisfaction, ou que vous voudriez la diminuer, mettez un –. Si la situation actuelle est satisfaisante, vous indiquez OK dans la case correspondante.

C (Cohérence): Si vous estimez que cette dépense d'énergie de vie est cohérente par rapport à vos objectifs de vie et vos valeurs, vous mettez un +, dans le cas contraire vous mettez un –, et s'il n'y a rien à changer vous indiquez OK.

Maintenant, établissez votre propre tableau, avec les catégories de dépenses qui vous sont propres.

La personne fictive en question – appellons-la Adrien, qui gagne 25 francs suisses (100 francs français) de l'heure – estime que ses dépenses pour son alimentation personnelle, assez élevées, lui donnent un réel contentement. Par contre, il estime qu'il pourrait viser à les modérer un peu, ce qui lui procurerait la satisfaction d'être plus cohérent par rapport à d'autres objectifs de vie, compte tenu de son engagement dans une campagne contre la faim dans le monde. Pour ses repas à l'extérieur, il mange au restaurant assez souvent par paresse de ne pas avoir à préparer son propre repas, ce qui ne lui donne que peu de satisfaction, vu le travail de développement personnel assez intense qu'il poursuit. Pour l'habillement, il est satisfait de ses dépenses, que ce soit pour ses vêtements personnels (Person.), ou ceux qu'il achète pour avoir le «look» approprié au travail (Trav.). Pour la santé, il estime rester encore trop dépendant du modèle médical dominant, dont il tient absolument à s'affranchir à l'avenir.

Pour l'habillement, il estime acceptable ses dépenses pour les habits qu'il achète pour son plaisir, mais nettement excessif ce qu'il dépense en plus pour son travail (4e colonne). Il contribue généreusement à différentes activités humanitaires, ce qui lui donne une réelle satisfaction, et le sentiment de devenir un peu plus cohérent. Pour le ski, il y passe trop de temps par rapport à ses autres intérêts et cela lui coûte trop cher, donc il va viser un meilleur équilibre dans ce domaine. Sa facture de téléphone est assez salée, car il a plusieurs amies, dont une à l'étranger, qu'il appelle souvent. Sur le moment, cela lui donne de la satisfaction, mais il réalise aussi qu'il pourrait mieux utiliser ce temps, étant donné ses buts de vie. En effet, il veut dégager plus de temps pour le jogging, ce qu'il ne réussit pas pour l'instant, car il passe au moins une heure chaque soir au téléphone ! Finalement, pour les transports, là encore, Adrien sait pertinemment qu'il se laisse piéger par la solution de facilité – la petite voiture de sport individuelle avec laquelle il va tous les jours au travail. Aussi songe-t-il à joindre une coopérative d'utilisateurs de voiture... dont nous parlons au chapitre suivant.

Arriver à une autre gestion de l'argent est aussi indispensable pour vivre plus simplement que d'atteindre une meilleure gestion du temps. Pour cela, il est utile d'arriver à découvrir les différentes dimensions de ce qu'est l'argent. Que représente pour vous, réellement, l'argent ? Vous trouverez ci-desous une liste de mots-clés. Soulignez les trois mots qui définissent le mieux la façon dont vous ressentez l'argent dans votre expérience personnelle, ou ajoutez-en d'autres plus significatifs pour vous :

Utile – sale – reconnaissance – vie – liberté – manipulation – mort – neutre – moyen d'échange – spéculation – énergie – nécessité – confiance – possession – culpabilité – indifférent – pouvoir – don – amour – sécurité...

Les mots qui reviennent le plus souvent sont en général : sécurité, moyen d'échange et nécessité. Dans la mesure où l'on pense que notre vraie sécurité réside dans la possession d'argent, nous voudrons évidemment toujours en posséder un bon paquet (que ce soit sous la forme d'un carnet d'épargne, d'obligations, etc.). Mais dans un monde où la possibilité d'un Tchernobyl financier mondial n'est plus à exclure, où l'argent peut perdre 50 % de sa valeur en une nuit par la dévaluation, de plus en plus de personnes réalisent que leur sécurité ultime réside non dans l'argent, mais – entre autres – dans leurs propres talents et compétences, en d'autres termes leur capacité à échanger d'autres biens et services contre leurs propres talents s'exprimant également par l'offre de certains biens et services.

D'autres font simplement confiance à la vie et aux grandes lois de l'univers et découvrent petit à petit que l'argent est avant tout une forme d'énergie dont on peut faire l'expérience au niveau de son vécu quotidien. En d'autres termes, une personne qui rayonne une énergie très forte, très positive, attire à elle les ressources, notamment l'argent, dont elle a besoin pour réaliser ses projets, surtout si ces derniers ont une dimension de service.

La pratique suivante, développée par l'Australien Lionel Fifield, permet de découvrir à quel point l'argent constitue aussi une forme d'énergie. Fifield, qui a beaucoup étudié les grandes lois de la vie (et qui avant tout les vit), enseigne une façon très originale de pratiquer la dîme. Sous le titre « Déverrouillez votre paix, votre puissance et votre prospérité et reliez-vous à la banque universelle », cet homme caractérisé par un humour rare résume son expérience d'une des lois les plus fondamentales de la vie, dont la mise en pratique assure une joie profonde à la personne qui l'applique… et à beaucoup d'autres. (Texte traduit de l'anglais).

« Rappelez-vous qu'il existe un 'compte bancaire universel' auprès duquel tout don que nous faisons est crédité et duquel est débité tout retrait. Les crédits attirent de l'intérêt et semblent toujours revenir au donateur augmentés considérablement. Dans ce contexte, une des lois les plus puissantes avec lesquelles nous puissions travailler est la loi de la dîme (donner 10 % de tous ses revenus). Les suggestions suivantes vous sont offertes pour vous aider dans votre investigation personnelle des lois qui régissent la dîme.

1. Donnez 10 % de tout revenu que vous recevez.

2. Cette dîme ne devrait pas être donnée à une organisation ou une personne en contrepartie d'avantages matériels. Si c'était le cas ce serait un simple achat.

3. Donnez-la à une personne ou une activité qui vous inspire profondément. Cela pourrait être assez souvent à la même personne, la même organisation, le même groupe. Cela pourrait aussi être différent à chaque mois.

4. Donnez à quelque chose/quelqu'un qui constitue pour vous une source d'inspiration, de force, d'espoir plutôt que par habitude ou parce que vous croyez que telle ou telle institution est le type d'organisme auquel de tels dons devraient être envoyés.

5. Ce premier 10 % du revenu (libre à chacun de calculer en fonction du revenu brut ou net) souvent appelé 'dîme' n'est pas un geste charitable fait à ceux dans le besoin, mais la reconnaissance profonde par vous qu'il existe une personne, une institution qui vous inspire. Cela ne signifie pas qu'il ne faille jamais soutenir des institutions charitables mais que, dans leur essence, la charité et l'inspiration sont totalement différentes. Il arrive que les actions pleines d'abnégation et de force de ceux qui sont engagés dans une activité charitable nous inspirent profondément. Alors soutenez des activités charitables quand vous «sentez» leur besoin, mais ne le faites jamais avec un sentiment de culpabilité. Donnez toujours avec la joie qui accompagne un don authentique. Et répondez à ces besoins de charité sur votre revenu restant, plutôt que de prélever votre don sur ce premier 10 %.

6. Votre dîme s'oriente dans telle ou telle direction, non pas parce que vous avez observé un grand besoin ou parce qu'on vous a dit qu'un tel besoin existait, mais à cause d'une force intérieure, d'une joie ou d'une paix particulière que vous avez ressenties, inspirées par la vie et l'exemple d'un individu ou d'un groupe.

7. Si un groupe ou une institution vous demande de lui donner régulièrement la dîme de vos revenus, cela ressemble plus à un partage des coûts ou à une sorte d'impôt. Cela cesse d'être une célébration mensuelle du miracle de l'inspiration. Le fait de donner le

10 % n'est pas un geste rituel ou fixe. Cela doit couler aussi librement que l'univers si dynamique et changeant dont nous faisons partie.

8. Autant que possible, la dîme devrait être donnée dans la semaine, au plus tard le mois qui suit la réception d'un salaire, d'un revenu ou d'un don. Il est dit souvent que donner régulièrement signifie recevoir régulièrement. Cela nous permet de faire partie du flot et de la circulation du tout, plutôt que d'être une partie stagnante, fixe ou à l'écart, telle une thrombose ou la constipation dans un corps.

9. Il est bon de se rappeler que la dîme constitue le premier 10 %, non le dernier! Nous disposons tous de ce premier 10 %, mais notre façon de penser amène beaucoup d'entre nous à n'avoir plus rien à donner après la couverture de nos dépenses courantes.

10. En donnant, devenez conscients que vous êtes en train d'ôter les blocages qui vous empêchent de recevoir. L'acte de donner et de recevoir n'est séparé qu'au niveau de nos croyances. Sachez que vous êtes dignes de recevoir et ouverts au don. Comprenez que l'Univers dispose de milliers de canaux pour remplir parfaitement vos besoins.

11. Par le fait de donner régulièrement, vous faites face à, vous vous confrontez et chassez votre peur constante de manquer de quelque chose.

12. Donner la dîme se fait souvent de façon anonyme, de sorte que le petit «moi» n'obstrue pas le passage du don et que vous vous assurez de ne pas acheter l'appréciation des autres.

13. Quand vous donnez la dîme, ajoutez un petit mot du type «Merci pour toute l'inspiration que vous m'avez donnée», «Votre vie et votre exemple m'ont tellement aidé», «Je veux de cette façon témoigner de l'espoir, de la force et de l'encouragement que votre exemple m'ont permis de retrouver en moi-même», etc. Des dîmes envoyées sans un mot d'explication seront rarement comprises, mais une dîme accompagnée de quelques mots bien choisis peut avoir un profond effet sur le récipiendaire. Cela peut constituer un encouragement qui le mènera à un nouveau niveau d'inspiration, tout comme vous auriez été inspiré en recevant un tel don.

14. Rappelez-vous que les ondes régulières que vous mettrez en mouvement par vos dons peuvent, jointes à celles d'autres personnes, devenir la vague qui amènera l'humanité au point de prospérité que nous désirons tous ardemment.

15. Aucune dîme n'est trop petite… ou trop grande !

16. Quoi que vous fassiez, ne devenez pas trop rigide ou analytique au sujet de la dîme. Explorez-la, qu'elle devienne pour vous un sujet de joie et de surprises positives. C'est un chemin merveilleux pour se découvrir soi-même et pour découvrir les secrets extraordinaires de l'Univers dans lequel nous vivons.

La dîme est basée sur la loi de dix. Ce chiffre, depuis les temps anciens, est connu comme le chiffre de l'accroissement. Beaucoup de grands livres spirituels font allusion à la loi de la dîme. La Bible montre que des gens travaillent avec cette loi depuis des millénaires. Comme avec toutes les lois universelles, elle a été racontée à des milliards de personnes, entendue par des millions et comprise par des milliers. Ce n'est qu'en «travaillant» avec une loi qu'on la comprend. La révélation personnelle que chacun en retire est toujours aussi fraîche, belle et stimulante pour chacun.»

En conclusion de ce texte, Lionel Fifield explique cette loi comme un des plus importants processus avec lesquels il ait jamais travaillé.

Cela fait de nombreuses années que je pratique la « dîme inspirée ». C'est devenu une des plus grandes joies de ma vie. De me demander à qui je vais envoyer la dîme du mois constitue une recherche très joyeuse. En tout cas, les candidat(e)s ne manquent jamais ! Je trouve également important d'accompagner la dîme d'une assez longue lettre, disant notamment à la personne (ou l'organisation) en question les qualités pour lesquelles je l'apprécie spécialement, en quoi sa façon d'être m'inspire. S'il s'agit d'une personne, que le don soit anonyme ou non, il est aussi important d'indiquer que l'argent lui est destiné à elle, personnellement, ***pour la célébrer comme individu***, et qu'elle peut en faire ce qu'elle veut – sortir avec son compagnon ou sa compagne, se payer un week-end surprise, l'utiliser pour une activité à laquelle elle tient beaucoup – à elle de choisir. Fifield indique aussi qu'il vaut mieux ne pas donner de dîme à des membres de sa famille, pour des raisons assez évidentes (cela peut être une façon de se donner indirectement quelque chose à soi).

Donner de manière anonyme s'inscrit comme une progression importante sur l'échelle de la transformation personnelle, car c'est effectivement une façon radicale d'éliminer le petit *ego* qui aime tellement se faire admirer, mais il faut souvent plusieurs années avant d'y parvenir de façon authentique et naturelle.

Sans doute la chose la plus importante que Fifield souligne est que ***donner et recevoir sont exactement la même chose.*** C'est une des plus belles découvertes que l'on puisse faire dans la vie. Chaque fois que vous recevez avec grâce, vous confirmez la personne qui donne dans sa valeur, dans son existence et chaque fois que vous donnez (que ce soit une conférence, un cours d'histoire à l'école, une visite à un malade, du temps à un ami, sans parler même d'objets matériels) la personne qui reçoit vous fait la grâce immense d'accueillir votre don, donc de vous confirmer, car IL N'EXISTE PAS DE VIE VRAIE EN DEHORS DU DON DE SOI.

Comprendre cette loi fondamentale de la dîme aura comme conséquence naturelle que vous commencerez à faire tous vos paiements avec reconnaissance, y compris vos impôts. En effet, chaque fois que vous effectuez un paiement, vous reconnaissez un service que l'on vous a rendu. Chaque fois que vous payez vos impôts, vous remerciez la collectivité pour les innombrables services sans lesquels nous ne pourrions exister. Je vis dans un des cantons et une des villes suisses à la plus forte imposition. Pourtant je paie mes impôts avec reconnaissance, parce que la Ville de Genève a certains des plus beaux parcs urbains d'Europe, c'est aussi une ville bien entretenue, propre, une ville où on se sent partout en sécurité, même la nuit, avec une offre culturelle exceptionnelle pour une ville de 350 000 habitants. Quand on sait qu'il existe des contrées où les femmes marchent des kilomètres pour l'eau, comment ne pas sentir une profonde reconnaissance face au miracle d'une eau pure et potable que nous fournissent les services municipaux ?

Chaque fois que vous remplissez un bulletin de paiement ou un chèque, pourquoi ne pas le faire avec joie et reconnaissance ? En effet, vous représentez l'abondance de l'autre personne, ou plutôt vous êtes le canal par lequel l'abondance de l'univers se manifeste, à cet instant, pour cette personne, entreprise ou institution. Bien sûr, il y a des prix qui sont excessifs, voire scandaleux, que ce soit pour des biens ou des services. Vous avez alors l'option soit de vous en passer, soit de militer pour un autre type de société. Nous n'avons jamais besoin de jouer les victimes ou les impuissants.

La pratique régulière de la dîme inspirée et l'habitude de faire vos paiements avec joie (*surtout* si vous êtes dans la dèche) transformera progressivement vos rapports avec l'argent. A un moment de ma vie, je fus trente mois sans travail rémunéré, avec des revenus très aléatoires (et pas d'allocations de chômage). De continuer à pratiquer la dîme inspirée telle que Fifield l'enseigne fut pour moi pendant cette période une façon merveilleuse de dire : j'ai confiance dans le Principe d'harmonie et d'abondance qui dirige l'univers.

Pour ceux qui voudraient aller plus loin dans une gestion différente de l'argent, en touchant notamment à sa dimension sociale et collective, il existe de nombreuses approches. Nous en mentionnerons trois.

1. Une banque pour tous

a. Investir vos fonds dans une banque alternative : il existe de plus en plus de banques de ce type dans les pays industrialisés. Un exemple est la Banque Alternative Suisse (BAS), fondée en 1990 à Olten.

Quand vous déposez vos fonds dans une banque «normale» – par exemple sur un compte d'épargne ou un compte salaire – vous n'avez en général aucune idée de la façon dont vos fonds seront utilisés. Ils pourraient être investis aussi bien dans la culture du tabac que la production d'armements, le développement de produits de consommation totalement inutiles ou le financement d'appartements de luxe. Avec la BAS, c'est totalement différent. Créée grâce à des centaines d'individus qui achetèrent des actions pour constituer le capital de départ, la banque est gérée de façon transparente, ce qui permet à chaque investisseur, épargnant ou client de connaître la manière dont l'argent est placé. En effet, la banque publie la liste de tous les crédits accordés (tout en respectant les impératifs de confidentialité sur les noms des emprunteurs.) La banque met «ses comptes au soleil» en exposant sa politique d'affaires et sa gestion quotidienne au regard du public.

Elle offre des intérêts modérés aux déposants, mais ces derniers peuvent aussi choisir d'y renoncer partiellement, soulignant ainsi la solidarité entre déposants et emprunteurs.

Avant tout, la BAS a des critères éthiques rigoureux permettant de définir de façon précise les entreprises qu'elle décide de soutenir (et qui sont souvent des individus), critères définis dans ses statuts et qui obéissent à des exigences écologiques et sociales précises. De plus, elle renonce à un des canons les plus sacrés du libéralisme qui est à la base du système économique actuel: la maximisation du profit. En 1994, ses domaines privilégiés d'investissement furent, par ordre décroissant d'importance: l'agriculture biologique, l'écologie, des projets d'intérêt collectif, des projets en faveur des femmes, la formation et la culture et finalement l'habitat alternatif et social.

Parallèlement à ses activités économiques, la banque effectue un travail d'information auprès du public, aiguisant ainsi une conscience critique qui n'a que trop tendance à s'émousser dans le climat contemporain si souvent pétri d'apathie et de fatalisme.[8]

2. Machos et cornes de rhinocéros

Dans les pays anglo-saxons, il existe une tradition d'interventionnisme dans les assemblées d'actionnaires de grandes entreprises: des personnes ou groupes à motivation éthique achètent des actions (ou parfois en ont hérité) et interviennent en vue de demander des comptes à la compagnie au sujet de ses politiques commerciales et financières. Dans les années 1980, seul ou avec des amis, j'ai participé aux assemblés d'actionnaires de trois grandes multinationales suisses, Nestlé (où j'intervenais dans le cadre d'un groupe de personnes regroupées dans une Convention des Actionnaires Nestlé, la CANES) et deux autres du domaine pharmaceutique. Ces interventions m'ont permis de rencontrer les plus hauts dirigeants de ces entreprises, alors que je ne suis qu'un modeste citoyen sans aucune notoriété.

Dans une grande multinationale de la pharmacie, une amie pédiatre et moi-même préparâmes une intervention fort humoristique concernant un soi-disant stimulateur des fonctions sexuelles pour lequel l'entreprise en question faisait une importante publicité, en Afrique notamment. Cette publicité sans scrupules était fort surprenante, car il n'existait à l'époque aucune preuve de l'efficacité pharmacologique de telles préparations.

L'intervention exprimait notre surprise qu'une entreprise aussi respectable fasse la concurrence aux marchands de cornes de rhinocéros, charlatans et autres attrape-nigauds. Mon amie, qui est belle, grande et rayonnait la fraîcheur, fut applaudie très énergiquement par une assemblée d'actionnaires composée en forte majorité de messieurs d'un certain âge plus habitués aux ronrons soporifiques des rapports annuels qu'au ton espiègle d'une intervention en même temps scientifiquement irréprochable.

Des conciliabules embarrassés entre membres du conseil d'administration et directeurs suivirent cette intervention, à la suite de laquelle le président annonça que le médicament en question allait être retiré du marché. Nous ne saurons évidemment jamais si notre modeste intervention y fut pour quelque chose, mais au moins nous ouvrit-elle la porte de l'entreprise au plus haut niveau et des contacts fructueux suivirent.

Tout un chacun est libre d'acheter une action qui lui permettra de devenir membre de l'assemblée des actionnaires d'une entreprise (une seule action suffit), mais il est clair que pour être bien mené, un tel type d'intervention nécessite un investissement en temps significatif, un sérieux travail de recherche et surtout la capacité d'intervenir sans la moindre nuance d'agressivité ou d'esprit de propre justice. En effet, le but de telles interventions est le dialogue sur les politiques de l'entreprise, non la condamnation stérile qui ne mène à rien si ce n'est une autosatisfaction fort improductive.

Ce type d'intervention sera un premier pas important en vue de répondre au QUE FAIRE POUR VIVRE PLUS SIMPLEMENT ? qui constitue la matière du chapitre suivant.

3. Des fonds de placement éthiques

Depuis une vingtaine d'années, des fonds de placement de plus en plus nombreux ont été créés, fonds qui garantissent que les sommes investies seront placées selon des critères précis définis par l'organisme en question (sociaux, écologiques, etc.). Certains de ces fonds atteignent des taux de rendement très intéressants et constituent une première démarche valable vers une gestion plus intelligente et moins étroitement obsédée par le profit que la majorité des fonds. Au fur et à mesure que de plus en plus de gens investissent leur argent ainsi, le marché s'orientera dans une direction plus responsable. Le Centre Info pour l'Investissement de Fribourg en Suisse[9] peut donner des informations aux personnes intéressées par cette démarche.

CHAPITRE SEPTIÈME

Que faire pour vivre plus simplement ?

La vie devient de l'art quand il n'y a plus de différence entre qui nous sommes et ce que nous faisons.
GENE YOUNGBLOOD

Une histoire intitulée : « A qui la tâche » rapporte l'aventure de quatre personnes appelées : Tout-le-monde, Quelqu'un, N'importe qui et Personne.

La digue près de leur village était en train de céder à cause de pluies sans précédent. Il était urgent de colmater une brèche. On demanda à Tout-le-monde de s'en occuper. Comme cela demandait un petit effort et que Tout-le-monde était sûr que Quelqu'un s'en occuperait, il ne s'en soucia pas. Bien sûr, N'importe qui aurait pu assumer cette responsabilité, mais finalement Personne ne le fit. Quelqu'un dans le village se fâcha, car il semblait évident que c'était à Tout-le-monde de s'en occuper. Mais Tout-le-monde s'imaginait cette fois que N'importe qui pouvait bien le faire, et Personne ne réalisa que Tout-le-monde ne le ferait pas. Pour finir, Tout-le-monde accusa Quelqu'un, quand Personne ne se soucia de ce que N'importe qui aurait pu faire.

La digue finit pas céder, et les quatre amis furent noyés.

Point besoin de voir dans cette histoire une allégorie subtile où les eaux représenteraient des montagnes de déchets, une consommation débridée... Elle illustre de façon amusante l'idée de notre responsabilité collective. La digue pourrait être une moisson à rentrer ou une vigne à vendanger, le sens resterait le même. Demain sera fait de la somme de nos comportements individuels d'aujourd'hui.

C'est le philosophe Gaston Berger qui disait que le lendemain n'était plus à attendre, mais à inventer. Ce chapitre porte entièrement sur l'invention de demain en simplifiant nos vies aujourd'hui. Nous allons donner un certain nombre d'exemples sur la façon dont on peut simplifier sa vie, en montrant les synergies merveilleuses qui en découlent, porteuses de joie, parce qu'il y a une joie immense à rendre sa vie un peu plus cohérente. De plus, cette visée vers une plus grande cohérence tend à donner un sens différent à chaque instant de la vie, à chaque geste, et cela aussi est une source profonde de contentement intérieur.

Il va de soi que nous éviterons soigneusement de donner un « canevas » quelconque de simplification de la vie, d'une part parce que chacun le fait à sa façon et *à son rythme*, et, d'autre part, parce qu'inventer une vie plus simple est un acte de créativité merveilleux dont nous ne voudrions priver personne. Il existe autant de façons de simplifier sa vie que d'individus. Suggérer une démarche type irait à l'encontre de tout ce que nous avons proposé ou décrit, où la créativité individuelle joue un rôle central.

Ce chapitre est écrit dans l'esprit du « centième singe » dont nous avons déjà parlé au chapitre III. Chacun de nous peut devenir la personne dont l'exemple permettra à d'autres de franchir un seuil décisif. ***Il n'y a aucune fatalité quelconque dans l'évolution des sociétés contemporaines,*** même dans le TGV du maldéveloppement à l'Occidentale dont il a été question dans ce livre. La seule raison pour laquelle le TGV continue à foncer est que trop d'individus croient qu'il n'est pas en leur pouvoir de le ralentir. Ce livre est écrit pour ceux qui croient à la liberté, qui s'estiment capables de contribuer à quelque chose, à un *vrai* progrès de notre société (qui se situe avant tout au niveau humain, culturel et spirituel) et qui, intuitivement, savent que la défaite dans la vie consiste à ne pas essayer, à ne pas s'investir dans un but auquel on croit par peur de ne pas réussir ou d'être déçu.

Vivre plus simplement: de merveilleuses synergies

Il existe des synergies merveilleuses dès que l'on commence à simplifier sa vie. Prenons l'exemple d'une diminution de la consommation de viande.

La consommation de viande atteint dans nos pays des niveaux excessifs pour notre santé, indépendamment des dimensions écologiques et humanitaires de sa consommation[1]. Chaque Suisse consomme en moyenne plus de 70 kilos de viande par an, le Français moyen 91 kilos, et dans une série de pays occidentaux et d'Europe de l'Est, le chiffre dépasse largement 100 kilos. Mais comme ces chiffres sont des moyennes nationales qui incluent les petits enfants, les personnes âgées, les végétariens et ceux qui en mangent très peu, on peut donc estimer à au moins 80 kilos la consommation moyenne par personne en Suisse, plus de 100 kilos en France.

L'élevage de bétail à grande échelle est destructeur de l'environnement. L'écrivain américain Jeremy Rifkin, dans son livre *Beyond Beef*, décrit nos paisibles ruminants comme «une véritable sauterelle munie de sabots. La vache moyenne mange 450 kilos de végétation par mois»[2]. Peu surprenant que depuis 1960, près de la moitié des forêts de l'Amérique centrale aient été abattues pour faire place à des pâturages et on estime que pour produire un hamburger avec le bétail élevé dans cette région il faut débarrasser 5 m^2 de forêt tropicale, forêt qui constitue une partie du poumon de la planète. Un entrepreneur qui ne tiendrait pas compte de l'amortissement dans ses calculs économiques irait rapidement à la ruine. Pourtant, c'est ce que la race humaine fait sur une grande échelle depuis la Révolution industrielle. Nous n'incluons pas dans le prix de production de nombreux produits – comme la viande par exemple – le coût réel de sa production pour la planète.

Ainsi une étude faite à l'Université de New York a examiné tous les coûts reliés à la production de hamburgers en milieu tropical: déboisement de la forêt et son impact climatique et agronomique (sur les sols), les coûts de transport pour amener la viande du Sud au Nord dans des bateaux réfrigérés, etc. L'étude concluait que le coût réel *pour la planète* d'un hamburger était de... 200 dollars (1000 francs français), soit cent fois plus que son prix de vente aux Etats-Unis[3]. Tout calcul de ce genre dépend évidemment des paramètres utilisés, mais même un chiffre 50 %, voir 75 % inférieur resterait stupéfiant – et surtout préoccupant.

Ces 1,3 milliards de têtes de bétail (ce chiffre atteint plus de 4 milliards si on inclut les autres animaux domestiques comme les buffles et les chameaux par exemple) émettent une quantité non négligeable de gaz méthane, qui joue un rôle important dans l'effet de serre. De plus, la production de viande en élevage moderne consomme une quantité énorme d'eau. Alors qu'il faut 43 litres d'eau pour produire un kilo de laitue, 528 litres pour un kilo de pain complet, il en faut plus de 9000 pour produire un kilo de viande dans un élevage à l'américaine.

Finalement, la production de viande est extrêmement vorace en énergie. En Suisse, il faut 10 calories d'énergie pour produire une calorie de viande (chiffre bas en comparaison de la plupart de nos voisins), alors qu'il ne faut que 0,2 calories d'énergie pour produire 1 calorie de pommes de terre, et 0,1 calorie d'énergie pour une calorie de riz.

Introduisons maintenant un terme un peu barbare qui recouvre une réalité très simple: le ***pentagone synergique.*** Quand on simplifie sa vie, l'impact bénéfique est démultiplié sur toute une série de plans: écologie, santé, solidarité, finances et cohérence. Prenons justement l'exemple d'une diminution de la consommation de viande.

I. *Ecologie*: les chiffres cités ci-dessus montrent que la diminution de la consommation de viande a un impact écologique important (nous parlons bien de *diminuer* et pas de *supprimer*, bien que certains feront ce dernier choix pour des raisons de cohérence par rapport à leur vision de la vie). Cet impact, modeste pour un seul individu, est démultiplié au prorata de tous ceux qui modifient leur consommation dans ce sens. Par

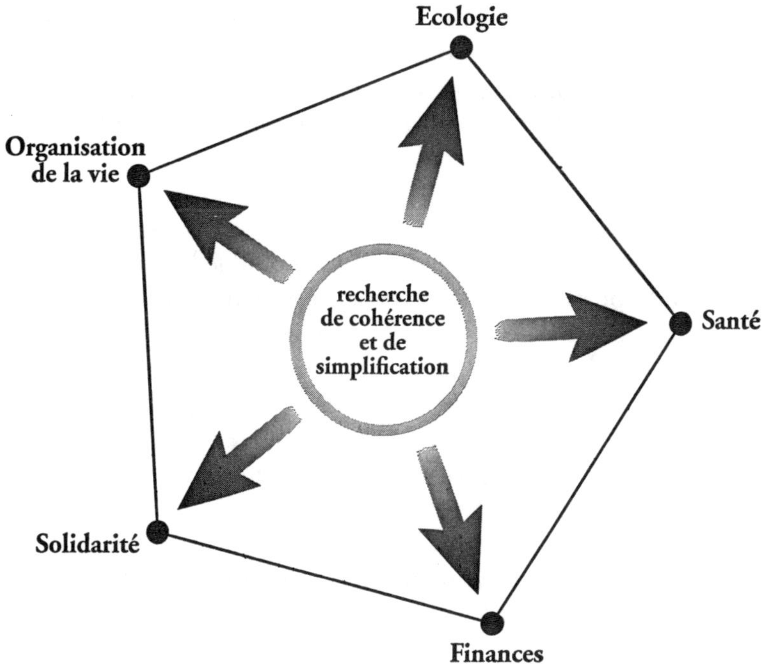

Fig. 2 · Des synergies croissantes

La recherche de cohérence et d'une simplification de la vie a un impact instantané sur une série de facteurs qui se renforcent les un les autres.

ailleurs, la consommation électrique familiale s'en ressent positivement également : le gigot qui cuit pendant deux heures au four est hautement énergivore, comparé au délicieux plat de tofu mijoté en quelques minutes avec des herbes aromatiques qui embaument toute la cuisine.

2. *Santé*: là encore, l'impact peut être très important. Les recherches diététiques sur l'impact positif engendré par une diminution de la consommation de viande sont suffisamment connues pour n'avoir pas à être développées ici. Une dimension encore peu connue, mais fort intéressante, quoiqu'encore à l'état

de théorie, soutient que le stress subi par les animaux au moment d'être tués se transmet aux humains à travers leur viande. Dans la mesure où nous vivons dans un univers où absolument tout réagit sur tout, un univers «holistique», cela semble en tout cas plausible.

3. *Solidarité:* dans un monde où 35 000 personnes meurent de faim par jour, l'impact d'une diminution de la consommation de viande prend aussi une grande importance sur le plan de la *solidarité*. En effet, près de 40 % de la production céréalière de la planète est donnée en alimentation au bétail (57 % dans la Communauté Européenne, 70 % aux USA). Le passage progressif de la seule Chine à un régime plus carnivore risque de créer une crise mondiale dans la production et la vente de céréales. Or, avec la même parcelle de terrain nécessaire pour nourrir un homo-sapiens carnivore, on pourrait nourrir 7 personnes consommant des céréales et plus de 20 personnes consommant des graines germées, un des aliments les plus complets de la planète.

4. *Finances*: pas besoin d'être grand clerc pour saisir immédiatement que la diminution de la consommation de viande a un impact direct sur votre porte-monnaie. Et si on répercutait le coût écologique réel de la production de viande sur son prix de vente, elle serait encore beaucoup plus chère! Bien d'autres aliments (à commencer par les graines germées) ont autant, voire plus, de protéines de haute qualité et infiniment plus digestes que la viande.

5. *Organisation de la vie:* une diminution de nos propensions carnivores peut avoir un impact au niveau de la *simplification de la cuisine,* argument non négligeable pour une mère de famille qui travaille autant à l'extérieur qu'à l'intérieur de la maison. Mais avant tout, c'est en termes de *cohérence de vie* que l'on trouvera une grande satisfaction. Rappelons à ce sujet le concept déjà mentionné de «trajectoire de cohérence» pour décrire ce mouvement lent, modeste et soutenu vers un style de vie plus conséquent.

Fig. 3 · Four solaire. (Dessin ULOG)

On peut faire la même démonstration du «pentagone synergique» dans toute une série de domaines. Avec certaines formes de consommation, ce sera surtout l'impact écologique ou solidarité qui sera marqué, avec d'autres l'aspect financier ou la santé. Prenons donc un deuxième exemple de cette merveilleuse synergie qui se manifeste dès qu'on commence à simplifier et «écologiser» sa vie (les deux vont en général de pair), celui de la cuisson au solaire à domicile au moyen d'un fourneau solaire de fabrication très simple.

Le modèle que ma femme et moi utilisons à domicile a été inventé par une ingénieur bâlois, Ulrich Oehler, qui a fondé une association pour le vulgariser dans le monde entier[4]. Il n'a intentionnellement pas pris de brevet, afin que quiconque puisse le construire. Plus de 7 000 ménages en Suisse s'en servent déjà. Le modèle en question est également vulgarisé dans les pays du Sud, où il apporte une contribution significative à la lutte contre la déforestation. Examinons maintenant le fourneau en question selon notre approche du pentagone synergique:

1. *Ecologie:* rappelons que de 1950 à 1990, la population suisse a augmenté de 40 %, la consommation d'énergie de 450 %, soit onze fois plus. Les chiffres sont du même ordre de grandeur pour les autres pays européens de l'ouest. Ainsi en France la population a augmenté de 36 % entre 1950 et 1990. Or la seule consommation d'électricité des ménages a passé entre 1973 et 1990 de 19,7 Terawatts/heures (1Twh = 10^{12} Watts) à 43,5 Twh[5]. Elle a largement plus que doublé. En Suisse, le potager domestique, avec sa consommation annuelle de 1000 à 1200 kWh d'électricité, représente le deuxième poste de consommation d'énergie des ménages dans l'appartement, derrière le chauffage et l'eau chaude (que nous groupons ensemble). Dans ce pays, 42% de la consommation d'électricité provient du nucléaire, en France c'est environ les trois quarts.

Or, 1 m^2 de sol en Europe centrale de l'ouest reçoit en moyenne 1 000 kWh d'énergie solaire propre, chaleureuse, gratuite et non polluante. En 1994, mon épouse et moi avons diminué notre consommation globale d'électricité d'environ 10 %, en grande partie grâce à la cuisine au solaire. L'impact de ce fourneau est donc tout à fait significatif en termes d'économie d'énergie.

2. *Santé:* la cuisine au solaire est plus saine, car on n'utilise jamais de graisses ou d'huile. La cuisson se fait avec une petite quantité d'eau ou sans eau du tout. Même Freddy Girardet de Crissier, un des plus grands cuisiniers au monde, serait jaloux des aubergines «en robe de chambre» (cuites sans eau) que mon épouse Elly prépare amoureusement! On peut presque

tout cuire avec ce fourneau: légumes, poisson, viande, pain, gâteau. (Par contre les pâtes qui ont besoin d'une eau en ébullition ne s'y prêtent pas.)

3. *Solidarité:* un pays comme la Suisse a actuellement un bilan énergétique très négatif. En d'autres termes nous importons beaucoup plus d'énergie que nous n'en exportons. Il s'ensuit que toute diminution de la consommation d'énergie représente un acte de solidarité majeur à l'égard de toutes les formes de vie de la planète, sans parler des pays du Sud, dont le développement pourrait être hypothéqué par notre gourmandise énergivore. Jointe à d'autres actes de réduction de la consommation d'énergie (comme par exemple de monter et descendre les étages à pied plutôt qu'en ascenseur) une telle diminution n'est pas négligeable.

4. *Finances:* bien que modeste, la diminution de la facture d'électricité due à la cuisine au solaire est mesurable. Elle ne peut que s'accentuer au fur et à mesure de la mise au point de cuisinières solaires de plus en plus performantes.

5. *Cohérence, organisation de la vie:* cuisiner au solaire permet de simplifier sa vie de façon merveilleuse. Ma femme et moi habitons au 5e étage d'un immeuble du centre ville, sans même de balcon, juste un petit replat devant la fenêtre où nous disposons quelques plantes et le fourneau solaire. Un des aspects merveilleux de ce mode de cuisson: les aliments ne débordent jamais, et ne brûlent jamais! En effet, la chaleur est enveloppante, et vient de tous les côtés, au lieu d'être localisée. Les mères de famille apprécient particulièrement cette caractéristique (plus de casseroles noircies à récurer!)

Nous mettons nos aliments dans le fourneau le matin en partant au travail. On oriente le fourneau en fonction du nombre d'heures d'ensoleillement désiré. En fin d'après-midi ou le soir, quand nous rentrons, le plat est encore chaud. Le pire qui puisse arriver est qu'un plat soit un peu trop cuit. Et même dans ce cas –, à quelque chose malheur est bon – les lentilles surcuites se transformeront en une délicieuse soupe ! Quant à la cohérence, elle découle naturellement de tout ce qui a été dit jusqu'à présent.

L'eau, c'est la vie

Dans la mesure où une dimension importante de la simplification de la vie consiste à ***modérer sa consommation sur le plan quantitatif*** – et c'est un des sens que nous lui donnons – simplifier sa vie passe par un réexamen de toutes les formes de consommation quotidienne. Une des plus importantes est celle de cette substance banale par excellence, et de laquelle dépend toute la vie sur la planète : l'eau.

Notre planète est dominée par l'eau. Si toute la masse des terres émergées de la planète était réunie, elle se rangerait aisément dans le seul océan Pacifique, et encore resterait-il bien de la place. Seulement 3 % de l'eau sur la planète est douce c'est-à-dire non salée et 99 % de cette eau douce est soit gelée dans les banquises glacières et les glaciers ou se trouve sous terre. Seul un pourcent de cette eau douce est d'accès relativement facile. 1,2 milliards d'habitants de notre petite planète n'ont pas accès à cette extraordinaire ressource sous forme potable.

Selon la définition utilisée, entre un et deux milliards de personnes vivent dans des régions où le manque d'eau pose des problèmes critiques. Au Moyen Orient aujourd'hui, l'eau est considérée comme la principale cause potentielle d'une guerre. La France, elle, est gâtée en eau et n'utilise que 15 % de l'offre totale, mais cette eau devient malgré tout de plus en plus chère.

Pourtant cette ressource unique continue à être polluée à souhait, puisqu'en 1980 les sociétés humaines produisaient 1900 km^3 d'eau usées ou plus ou moins gravement polluées, soit plus de 21 fois le volume total du lac de Genève, le plus grand lac d'Europe. Ce chiffre pourrait doubler d'ici le tournant du siècle. Finalement, les ressources disponibles d'un pays à l'autre varient dans une proportion de plus de un à cent.

Ce qui est merveilleux, c'est que chacun de nous peut, dès aujourd'hui même, devenir un gardien de cette ressource précieuse par dessus toutes. Aristote disait que le commencement est la moitié du tout. Dans le domaine de la simplification et de l'«écologisation» de la vie, c'est souvent le premier pas qui compte. L'essentiel est de commencer à modifier ses habitudes dans le sens souhaité, sans jamais se culpabiliser parce qu'on ne progresse que «lentement» (lentement selon quels critères ?).

Le Français moyen consomme, selon qu'il vit seul, en immeuble ou en villa, entre 140 et 160 litres d'eau par jour, soit 50 m^3 par an. 20 % de cette eau part en fuites et une étude précise que «Notre patrimoine d'eau est mal géré ou pas géré du tout. L'eau fait l'objet d'une économie de cueillette»[6].

Le Suisse moyen, quant à lui, consomme à domicile 180 litres d'eau par jour. Un tiers de cette eau disparaît… dans les WC, un autre tiers dans les douches et les bains, le reste pour tous les autres usages (les proportions sont à peu près identiques en France). L'eau nécessite également une certaine dépense d'énergie pour la rendre propre à la consommation, la dépolluer après usage, l'amener chez le consommateur, etc. On utilise en moyenne 2 500 à 3 000 kWh par an pour chauffer l'eau du ménage suisse moyen. Ces chiffres sont proches de ceux des autres pays d'Europe occidentale et du Nord.

Or, chacun peut très facilement économiser entre le quart et le tiers de sa consommation d'eau, voire plus, sans perte de confort (à l'échelle de la Suisse, cela fait entre 150 et 200 milliards de litres d'eau par an, soit l'équivalent de la consommation annuelle totale du Burkina-Faso et du Sénégal). Comment procéder ?

★ remplacer un bain par une douche économise entre 150 et 200 litres d'eau (selon la taille du bain et la façon dont on se douche).

★ on peut facilement économiser entre 40% et 80% de l'eau utilisée par les WC en remontant manuellement la manette de la chasse d'eau. On n'a pas non plus besoin de l'actionner chaque fois qu'on l'utilise. Si le débit de votre réservoir de WC ne peut être contrôlé manuellement, mettez des briques ou des bouteilles d'un litre dans le réservoir (qui utilise facilement 10 à 12 litres chaque fois que vous l'actionnez).

★ un robinet qui fuit au rythme de dix gouttes à la minute gaspille en une année 2 000 litres d'eau. Pas grand chose me direz vous. Tout est relatif – cela fait plus de 100 voyages de 40 km pour les femmes de certains villages du Tiers-Monde. Une chasse d'eau qui fuit pendant un an équivaut facilement à quatre ou cinq fois la consommation individuelle totale pendant la même période[7].

★ chaque lessive n'a pas besoin d'un lavage et d'un prélavage, et il n'est pas indispensable de laisser l'eau couler à flots pendant qu'on se lave les dents ou les mains. On peut se laver les mains tout aussi efficacement en laissant couler un mince filet d'eau plutôt qu'avec un jet d'eau qui concurrence un geyser. Laver la vaisselle à grande eau n'est pas particulièrement intelligent si on peut tout aussi bien le faire avec un mince filet. Ayant croisé ou parlé à tant de femmes qui passent l'équivalent de plusieurs *années* de leur vie à simplement marcher, marcher, marcher pour chercher l'eau, je ne peux voir l'eau couler inutilement sans ressentir un profond sentiment de malaise – et une folle envie de fermer le robinet.

Le périodique *INC Hebdo*, l'hebdomadaire des professionnels de la consommation, a comparé les consommations d'eau de deux ménages de quatre personnes chacun, la famille Gaspi et la famille Eco[8]. Les Gaspi utilisent des WC de 10 litres, un lave-linge et un lave-vaisselle d'un vieux modèle, et ne colmatent pas leurs fuites d'eau. La famille Eco par contre a remplacé ses anciennes installations par des systèmes plus économiques et a fait réparer les fuites d'eau. Nous juxtaposons leurs budgets respectifs pour souligner une fois de plus que *les petits ruisseaux font les grandes rivières* – aussi pour votre porte-monnaie !

Famille GASPI	Famille ECO
W.C. Réservoir de 10 litres, 4x4 usages par jour = 160 litres/jour. (4 x 40 l) = 58m^3 par an	**W.C.** Trois réservoirs à 3 litres et un à 6 litres/personne/jour (réservoir avec double commande) = 60 litres/jour (4 x 15 l) = 22m^3 par an
Lave-vaisselle: 5 lavages par semaine, modèle 1986, 50 litres par lavage = 250litres/semaine = 13 m^3 par an	**Lave-vaisselle:** 5 lavages/semaine modèle économique, 20 litres par lavage = 100 litres/semaine = 5,2 m^3 par an
Lave-linge: un lavage à 60 ° C et trois à 40 ° C par semaine, modèle 1986 = 480 litres/semaine = 25 m3 par an	**Lave-linge:** modèle récent: 231 litres par semaine = 12 m^3 par an.
Baignoire + douche: un bain et six douches par semaine et par personne. Bain de 150 litres, douche de 45 litres = 87,3 m^3 par an	**Baignoire + douche:** bain de 150 l et douche de 35 litres grâce à un économiseur = 74,8 m^3 par an
Cuisine: 160 litres par jour pour le ménage = 58 m^3 par an	**Cuisine:** même consommation = 58 m^3 par an
Lavabo: 80 litres /jour = 29m^3 par an	**Lavabo:** grâce à des robinets mitigeurs, 60 litres/jour = 22 m^3 par an
Fuites d'eau: 44 m^3 par an (environ 20% de la consommation annuelle)	Pas de fuites
Total famille GASPI: 314m^3/an, soit **4'936 FF.**	**Total famille ECO:** 194 m3/an, soit **2'716 FF.**

Cela fait 40 % d'économies!

Si de plus les membres de la famille ECO s'habituaient à couper la douche pendant qu'ils se savonnaient, laissaient seulement couler un filet d'eau en se lavant les mains au lavabo, en d'autres termes s'ils renforçaient les économies dues à des systèmes *mécaniques* par des économies dues à quelques *habitudes* très simples qui deviennent rapidement des automatismes, les économies pourraient aisément dépasser cinquante pour cent.

Sans doute cette eau économisée ne profitera-t-elle pas (du moins pas directement) aux pays du Sud assoiffés d'eau, mais c'est ici qu'intervient la dimension de solidarité : nous modérons notre consommation par respect pour une planète dont certaines ressources (comme l'eau) sont stupidement gaspillées. Indirectement, cette modération profitera aux pays du Sud si lestes à nous imiter en tout – y compris dans nos habitudes de gaspillage !

Et vive la coopérative de voitures !

Rappel de chiffres déjà cités : la voiture est le premier poste de consommation en énergie des ménages suisses (40 % de la consommation annuelle) et représente le quatrième poste des dépenses des ménages, après l'alimentation, le loyer et la santé. Des ordres de grandeur similaires se retrouvent dans beaucoup d'autres pays européens. Si on compare le pourcentage des budgets des ménages consacrés aux transports (dont, en France, 83 % sont pour la voiture), la France vient de loin en tête des principaux pays industriels, avec 16,6 % en 1992 (comparé à 13 % pour la Belgique, 11,7 % pour la Suisse, 14,5 pour les USA[9]). Début 1995, il y avait en Suisse 4 millions de voitures pour 6,9 millions d'habitants, soit une voiture pour 1,72 habitants, une des densités les plus élevées au monde[10].

Posons-nous donc quelques questions auxquelles chacun répondra pour lui-même :

A. Comment pourrais-je organiser ma vie pour moins utiliser ma voiture ?

1. Pourrais-je aller au travail par les transports publics (TP) ? La dépense énergétique moyenne par personne transportée et par kilomètre est de 0,04 kWh pour le train, 0,09 kWh pour les TP et 0,7 kWh pour la voiture, soit près de 20 fois plus que par le train.

2. Pourrais-je aller au travail avec des voisins ? Former un « pool » pour le transport des enfants avec d'autres mères du quartier ?

3. Cela vaudrait-il la peine de rapprocher mon domicile du lieu de travail, ou vice-versa? Grâce à l'informatique, de plus en plus de personnes vont pouvoir travailler à domicile (c'est déjà le cas aux Etats-Unis).

4. Et si je changeais mon concept même du temps ? Mesurer l'accomplissement non par le nombre de choses accomplies, mais par les qualités que j'investis dans le travail ?

5. Pourrais-je plus systématiquement utiliser le vélo pour les déplacements urbains et courts ? (Nous rappelons qu'en ville le vélo est plus rapide que la voiture sur des distances jusqu'à 7-8 km en moyenne.) Pour une quantité d'énergie de 100 Kcal, (0,12 kWh) un cycliste couvre 7 km, la voiture un maigre... 150 m, soit 47 fois moins.

6. Pourrais-je éviter de longs déplacements vers les supermarchés périphériques en faisant mes achats localement ? (L'argent gagné sur quelques « Actions » est vite perdu en déplacements.)

7. Pourrais-je envisager de passer mes vacances plus souvent dans mon pays de résidence, ce qui éviterait de longs déplacements en voiture à l'étranger ?

8. Quand je planifie un week-end, est-ce que la possibilité de ne pas utiliser la voiture rentre systématiquement dans mes projets ?

9. Pourrais-je commencer à considérer la voiture dont je dispose non plus comme « ma » voiture dont je fais « ce que je veux», mais commencer à la voir comme une technologie actuellement écologiquement dangereuse dont je suis responsable devant la planète et les générations futures ? Et cela en me rappelant qu'être responsable ne signifie pas être coupable. On ne soulignera jamais trop que la culpabilité est totalement inutile et même contre-productive dans le débat sur la simplification et l'« écologisation » de la vie.

B. Comment pourrais-je «mieux» utiliser ma voiture en termes de simplification de la vie, de protection de l'environnement, de solidarité, etc.?

1. Pourrais-je mieux calculer les coûts réels de ma voiture ? Une enquête menée en Suède a montré que seul un automobiliste sur six avait une idée claire de ce coût. Les autres le sous-estimaient systématiquement, parfois de façon très importante. Ai-je traduit ce coût en termes de l'énergie de vie irremplaçable que me coûte la voiture (pour gagner l'argent nécessaire à son utilisation et son maintien) ?

2. Quand j'achète une voiture, son rendement énergétique est-il une considération majeure de l'achat ? (Selon le Sierra Club américain, l'amélioration du rendement énergétique de la voiture est la mesure individuelle la plus importante qu'un individu puisse prendre pour lutter contre le réchauffement de la planète.)

3. Dans un excellent ouvrage déjà cité sur la voiture, *The End of the Road* (La fin de la route) [11] Wolfgang Zuckermann, un

spécialiste de l'automobile, donne six conditions généralement acceptables selon lui pour l'utilisation de la voiture. Ce ne sont pas des dogmes, mais de simples suggestions. Serais-je prêt à utiliser la voiture :

- seulement quand il n'y a pas d'autres moyens de transport disponibles.
- quand il existe une alternative pour aller, mais pas pour revenir.
- dans le cas d'une urgence.
- pour des raisons professionnelles, quand d'autres options sont très malpratiques.
- quand les objets à transporter sont trop lourds pour les transports publics, ou risqués (panthère noire, maquette de baleine grandeur nature, crocodile, etc.).
- quand trois personnes ou plus peuvent se servir d'une voiture sur une distance modérée, au lieu d'une personne seule.

4. Serais-je intéressé à devenir membre d'une coopérative d'utilisateurs de voiture ? Ce modèle a commencé à se répandre en Suisse-allemande au début des années 1990, puis de là en Autriche et en Allemagne voisines. Il a commencé à pénétrer en Suisse romande à partir de 1994, grâce notamment aux efforts de l'Association Transports et Environnement. Le principe en est très simple :

Un groupe de personnes (une dizaine environ) s'organise ensemble pour acheter et gérer l'utilisation d'une voiture dans le cadre d'une association plus large qui recouvre actuellement plusieurs régions de Suisse. Chacun investit au départ une somme de base qui tourne autour de 900-1 000 francs suisses, à titre de participation à l'achat de la voiture et à la couverture des frais administratifs, somme qui lui sera rendue s'il quitte la coopérative. Chaque membre de cette dernière retiendra à l'avance la voiture, selon un planning effectué en commun. On réserve par téléphone. La cotisation annuelle varie de 0 à 100 francs suisses selon les associations

Les prix de location au kilomètre sont nettement en-dessous des coûts d'une voiture privée, puisqu'actuellement ils tournent autour de 50 centimes suisses le kilomètre (40 centimes sur les distances de plus de 100 km chez ATG), plus un franc suisse l'heure pour COPAUTO qui opère en Suisse romande[12].

Au moment où nous écrivons, des contacts sont pris entre une association de coopératives de voiture et une grande marque de location automobile. En effet, la souplesse du système d'autopartage, la simplicité extrême du mode de fonctionnement, sa dimension écologique incontestable, ses frais bas comparés à la possession d'une voiture individuelle en font un système promis certainement à un bel avenir.

Vivre sans voiture: cela peut aussi être un plaisir – et même une véritable libération!

Pour une personne qui habite en ville, vivre sans voiture devient de plus en plus avantageux. Avec la qualité des transports publics existant dans la plupart des pays européens, vivre sans voiture simplifie énormément l'existence. Pas de ces éternels problèmes de parking, pas de temps coincé dans des embouteillages. Finies les visites chez le garagiste, la panne inopinée. Avant tout, des économies extrêmement substantielles, une meilleure forme physique grâce au vélo… Il y a tant d'avantages à vivre sans voiture.

Bien sûr, il faut organiser sa vie en fonction d'un tel choix, mais cela devient bien vite naturel quand on décide une fois pour toutes de l'assumer. Quand on a absolument besoin d'une voiture – par exemple pour un transport – on peut en louer une, s'arranger avec un ami, il existe toujours des alternatives. Et pour les urgences, toutes les grandes villes ont des taxis qui, pour être souvent chers, n'en sont pas moins immédiatement disponibles et fort efficaces. Mais cela pose bien sûr de réels problèmes quand on habite des contrées mal desservies par les transports publics. Dans ce cas, d'autres solutions sont à envisager et certains compromis inévitables.

Et que vive l'«écolo»!

Née aux Pays-Bas, l'ECOLO (Equipe éCOlogique LOcale) est une petite équipe de personnes (voisins, membres d'un club ou d'une église, amis, etc.) qui décident de se mettre ensemble pour «écologiser» (et donc simplifier) leur vie et pour apprendre à vivre plus en harmonie avec les besoins de la planète. Il existe des milliers de tels groupes à travers le monde (surtout en Amérique du Nord) et une première expérience a démarré en Suisse en 1993[13].

Mise sur pied d'une ECOLO:

Une bonne équipe est constituée de 12 à 20 personnes environ qui se réunissent régulièrement (p. ex. tous les quinze jours) pour «écologiser» les uns après les autres les principaux domaines de leur vie. Il est important de choisir des personnes vraiment motivées à faire des changements dans leur mode de consommation – les «tièdes» alourdissent inutilement l'équipe.

A la première réunion, le groupe choisira un animateur et un secrétaire. L'animateur aura non seulement la responsabilité d'animer les réunions, mais aussi de récolter (avec la collaboration des membres du groupe) les informations nécessaires pour motiver les membres à agir. La clé du succès est la solidarité: il importe que les membres se sentent à l'aise les uns avec les autres et banissent dès le départ tout esprit de jugement et de comparaison négatif. Avant tout, il convient de veiller à ce qu'aucun membre du groupe ne se sente culpabilisé parce qu'il n'a pas réussi à atteindre un objectif fixé en commun. Le rôle est éduquer, éduquer, encore et toujours éduquer.

Calendrier : dès le départ, il sera nécessaire d'établir un calendrier pour la durée de l'existence du groupe en se fixant des objectifs précis à réaliser chaque mois. Ces derniers toucheront en général aux six thèmes suivants:

- améliorer l'utilisation de l'énergie à domicile
- réduire la consomation d'eau
- réduire la production des déchets
- améliorer l'utilisation des transports

– apprendre à devenir un consommateur «éco-social», conscient et alerte
– sensibiliser les autres par diverses formes d'actions

Prenons un exemple d'action: la réduction des déchets ménagers.

Commencez par donner des informations concrètes. Par exemple, chaque Français produit, tout compris (ménage, industrie, agriculture, etc.) environ 10 tonnes de déchets par an, dont 358 kg pour les seules ordures ménagères (soit environ 1 kg par jour). On met au rebut 1,8 millions de voitures par an dans le pays. Le parc automobile produit annuellement 290 000 tonnes d'huiles usagées et 6 millions de vieilles batteries, dont on sait combien elles sont nocives pour l'environnement, surtout pour les nappes phréatiques. La seule collecte des déchets coûte 350 francs français la tonne, leur traitement 500 francs français la tonne[14]. La famille suisse de quatre personnes produit, elle, 1,6 tonnes de déchets uniquement ménagers par an, soit 400 kg par personne.

Tout ce que nous jetons a dû être produit à un certain coût – en matières premières, en énergie, en pollution. Les détritus remplissent des sites qui se font de plus en plus rares. Nombre de ces sites laissent échapper des produits toxiques qui polluent les eaux souterraines, etc.

Première quinzaine: pour encourager la motivation, il est indispensable que les participants du groupe puissent mesurer les progrès qu'ils ont faits. Extrapolés à l'échelle de la planète, cela leur permettra de réaliser l'impact immense de millions de petits changements additionnés. Comme premier objectif donc, chaque ménage pourra mesurer et peser les différents types de déchets qu'il produit par semaine: détritus organiques, verre, plastique, papiers, alu, etc., tout en décomptant le nombre moyen de sacs à ordure utilisés avant et après les modifications. Cela donnera à chacun un point de référence auquel il pourra mesurer ses progrès. Le groupe pourra aussi discuter le slogan des ECOLOS représenté par les 5 «R»:

réduire – réutiliser – recycler – remplacer – rapporter

Parmi les produits recyclables, mentionnons l'aluminium, le verre, le papier, les bouteilles en PET, les pneus, l'huile de vidange, etc. On remplacera les produits toxiques par des produits non toxiques, et on rapportera les produits toxiques (piles, peintures et colles, médicaments, etc.) aux centres de ramassage et de dépôt concernés.

A la fin de chaque semaine, chaque participant/ménage informera l'animateur de ses résultats afin que ce dernier puisse établir une fiche statistique pour le groupe entier. Une telle fiche sera très utile pour le travail de sensibilisation, en vue de montrer à la communauté locale les améliorations qui pourraient être réalisées si tous ses membres se mettaient à «écologiser» leur vie de la même façon.

Autant que possible, il est important d'introduire un élément ludique dans ces exercices. Au niveau de la famille, cela pourra devenir un jeu par exemple de réussir à ne pas utiliser plus d'un ou deux sacs à ordures par semaine.

Deuxième quinzaine: on débutera des actions spécifiques ayant un impact immédiat sur la production des déchets: remplacer les corbeilles à papier traditionnelles par des corbeilles ou des boîtes à fond plat pour tous les papiers (et non seulement les journaux), ce qui permet de récupérer beaucoup plus de papier pour le recyclage; mettre de côté les détritus organiques et les composter, etc. Si vous habitez un appartement et que vous n'avez pas accès à des décharges pour les détritus organiques, vous pouvez les amener périodiquement à un parc public – ces derniers ont presque toujours des endroits pour le compostage. On pourra commencer à réfléchir sur l'utilité de chaque achat (voir ci-dessous), remplacer quand cela est possible les légumes et fruits en barquette par des légumes et fruits en vrac, etc.

Troisième quinzaine: poursuivre les actions spécifiques (eau, ordures) en les élargissant et les approfondissant. En ajouter de nouvelles, comme certains produits chimiques à éviter si possible. (Dans ce cas, il sera utile d'établir une liste de produits de substitution – par exemple écorce de mandarines au lieu de produits chimiques pour chasser les cafards, eau et vinaigre pour nettoyer les vitres au lieu des produits chimiques existants – etc.).

Quatrième quinzaine: peser à nouveau les détritus par catégorie, d'une part pour voir les progrès accomplis, d'autre part pour réaliser combien reste modeste la quantité de vrais détritus non recyclables dont nous devons nous débarasser.

Sachez être flexibles si pour une raison ou une autre tel ou tel point de votre programme ne fonctionne pas. Surtout, ne vous culpabilisez pas pour les actions avortées ou que vous abandonnez pour des raisons valables.

Quelques conseils pour l'animateur d'une « ECOLO »:

1. Motivez par la créativité, non par la peur d'une catastrophe planétaire par exemple.

2. Sachez créer une vision et susciter les capacités et moyens de la réaliser. Par exemple, faites sentir aux gens qu'ils sont des pionniers, même dans les petits gestes quotidiens de tous les jours.

3. Dans la mesure du possible, sachez impliquer les enfants. Ils ont un sens du jeu très développé et spontané, et ils deviendront souvent les membres les plus efficaces et les plus vigilants du groupe, car ils ne se fabriquent pas constamment de petites excuses comme trop souvent les adultes.

4. Créez une base commune permettant de susciter un accord. Par exemple, quand vous fixez un but commun, veillez à ce qu'il puisse être atteint par tous les membres du groupe. Un plus petit commun dénominateur atteint par chacun vaut mieux qu'un plus grand commun dénominateur atteint par quelques zélés qui écrasent les autres du haut de leurs performances !

5. Liez le changement planétaire au comportement individuel. Il existe dans presque toutes les cultures des proverbes qui illustrent l'idée que « les petits ruisseaux font les grandes rivières ».

6. Avant tout, une « écolo » devrait pouvoir fonctionner dans la joie ! Sachez remplacer la lourdeur des « Tu dois absolument atteindre ton quota de réduction d'ordures ce mois » par la réalisation « Vraiment, cela me motive de réaliser que même dans les activités les plus modestes, je peux contribuer à la création d'un monde qui fonctionne pour tous. »

Un avertissement : quand « l'écologisation » de la vie devient une religion, elle peut facilement aboutir à compliquer la vie quotidienne, plutôt que de la simplifier. (C'est pareil avec certaines formes très strictes de végétarisme.) *Si la simplification de la vie recoupe souvent un vécu plus écologique, les deux ne sont pas à confondre.*

La simplification de la vie part d'une démarche intérieure et d'une certaine philosophie de la vie. Elle existe d'abord au niveau de l'esprit. L'« écologisation » de la vie – au sens d'un comportement plus responsable sur le plan des ressources – peut être un simple réflexe (et il est à souhaiter qu'elle le deviendra pour toute l'humanité), réflexe qui n'implique pas nécessairement une réflexion poussée sur le sens de la vie.

Rester un consommateur alerte et conscient

Il y aurait encore énormément d'actions possibles à décrire dans le domaine de la simplification de la vie. Mais ce livre voudrait stimuler ses lectrices et lecteurs à la créativité, à réfléchir en profondeur sur la façon dont vous pouvez créer votre façon à vous, unique, de vivre plus simplement. Ce n'est pas un manuel du simplificateur de vie « politiquement correcte » (pour reprendre une expression américaine entrée dans le langage de tous les jours, et qui exprime l'idée qu'il n'y a qu'une façon correcte dominante de se comporter dans certains domaines). Toutefois, nous pensons que les dix questions suivantes seront utiles à tous, quelle que soit la façon dont on applique la simplification de la vie dans le quotidien.

Comment vivre ***mieux*** avec ***moins*** ? Chacun peut commencer en se posant certaines questions élémentaires chaque fois qu'il fait des achats. En effet, des consommateurs alertes et conscients constituent une des plus grandes forces de transformation de la planète. Après une période initiale d'apprentissage, les questions suivantes deviennent un automatisme, et aident à réfléchir à la valeur réelle d'un achat. Toutes ces questions sont conçues dans l'optique d'une simplification de la vie qui tient compte de notre nécessaire solidarité avec la planète entière et tous ses habitants. On ne simplifie pas sa vie dans la tour d'ivoire de sa petite existence personnelle, mais dans la conscience que tout est relié à tout dans l'univers totalement interdépendant qui est le nôtre.

1. *En ai-je vraiment besoin ?*

Probablement aucune autre question, appliquée de façon systématique à chaque achat, vous aidera plus à transformer vos habitudes de consommation. Plus vous la poserez, plus vous commencerez à réfléchir en profondeur à ce qu'est un vrai besoin, et bien des choses dont vous pensiez avoir besoin vous paraîtront tout à coup totalement futiles. La simplicité même de la démarche imposera sa logique amicale et libératrice un peu plus chaque jour. Car vivre simplement, outre tous les avantages décrits jusqu'à présent, est avant tout un ***chemin vers la libération intérieure,*** une libération de la tyrannie de tous ces petits désirs qui nous assaillent comme les moustiques sur les berges d'un marais tropical.

2. *Pourquoi est-ce que j'achète ceci ?*

Est-ce à cause d'une pub maligne ? Par désir de statut social accru ? Pour compenser un manque affectif ? L'examen des motifs peut aller très loin en termes de connaissance de soi et constitue également une étape fondamentale sur le chemin de la libération intérieure.

3. *Quel impact cet achat aura-t-il sur mes (petits) enfants ?*

Ce sont nos descendants qui devront payer les pots cassés de notre insouciance de consommateurs endormis. Dans l'univers, chaque cause a un effet, et on récolte toujours ce que l'on sème. Nous devons prendre garde de ne pas semer le vent, car nous récolterions la tempête aussi sûrement que nos descendants, dans la mesure où ***nous avons tous à rendre compte, d'une façon ou d'une autre, de la totalité de nos actions.*** C'est une des lois cosmiques les plus fondamentales de l'univers et le fait que le moment de la prise de conscience et de l'apprentissage de comportements plus intelligents et conscients se situera pour certains au-delà de ce qu'il est convenu d'appeler la « mort » ne change rien à l'exigence de cette loi.

4. *Retirerai-je de cet achat un plaisir proportionnel aux ressources utilisées ?*

Ces ressources sont de deux ordres :

- mon énergie de vie (cf. la discussion sur l'argent et notre énergie de vie d'après Dominguez et Robin). Est-ce que ces 55 francs suisses que j'investis dans deux CD valent vraiment trois heures de mon énergie de vie si précieuse ?
- les ressources de la planète (matière première, énergie, etc.) : ce hamburger que je mange pour tuer le temps et dont la viande représente x mètres carrés de forêt tropicale me procure-t-il un plaisir qui en justifie pleinement le coût écologique ?

5. *Puis-je consacrer à sa consommation le temps nécessaire, et cela sans arrière-pensée aucune ?*

Exemple : est-il utile que je m'achète ces deux vidéos à visionner ce week-end alors que je n'ai pas passé un seul moment avec ma fille de toute la semaine ? Est-il sage de m'abonner à cette revue alors que je n'arrive déjà pas à lire conscienscieusement celles que je reçois ? (Malgré l'attention de chaque instant que je m'impose dans ce domaine depuis des années, cela m'est arrivé l'an passé ! J'ai pris un abonnement à une excellente revue américaine parce que le prix d'abonnement annuel – à cause de la chute du dollar – était incroyablement avantageux: 40 francs suisses. Comme le corbeau de la fable, je jurai – mais un peu tard – que l'on ne m'y reprendrait plus !)

6. ***Les personnes qui produisent ce que j'achète sont-elles adéquatement rémunérées ? Bénéficient-elles des droits élémentaires d'association? De conditions de travail décentes ?***

Au début de l'année 1995, la presse mondiale a rapporté le cas d'un jeune garçon pakistanais, Iqbal Masih, qui avait été assassiné pour avoir dénoncé les conditions d'exploitation régnant dans les fabriques de tapis de son pays. Vendu par ses parents à l'âge de quatre ans, attaché au métier à tisser presque sans interruption pendant six ans, il gagnait un roupie par jour (à peine cinq centimes suisses) – et il en devait 13 000 à son employeur au moment d'être libéré ![15] La Commission des droits de l'homme des Nations Unies estime à 6 millions le nombre d'enfants de 14 ans ou moins qui travaillent au Pakistan, la plupart dans des conditions extrêmes frisant parfois l'horreur.

Est-ce que je désire un tapis fabriqué par un petit Iqbal dans mon salon ?

Aux Etats-Unis, une organisation de consommateurs, le Council for Economic Priorities de New York, a publié une remarquable brochure, *Shopping for a Better World* (Achats pour un monde meilleur) qui classifie des centaines de marques et d'entreprises importantes en fonction de la nature plus ou moins progressiste de leurs politiques dans le domaine écologique, social, à l'égard des femmes, selon leurs liens avec l'industrie de l'armement, les pays dictatoriaux, la liberté d'association et de se syndiquer, etc.[16] Il serait parfaitement possible de créer un «label» qui intégrerait tous ces facteurs (et d'autres encore) sous forme d'un indice chiffré qui mesurerait le comportement des entreprises dans ces différents domaines. Mais pour cela il faut que les consommateurs s'organisent et exercent une pression politique sur les responsables de l'économie.

7. *Dans quelles conditions écologiques la chose achetée a-t-elle été produite/le transport a-t-il été effectué, etc.?*

A-t-elle nécessité une grosse consommation d'énergie pour la produire (alu, fraises de Nouvelle-Zélande à Noël, viande, sans parler du déplacement de 1,3 tonnes de voiture pour rouler 800 m jusqu'au supermarché, etc.) ? A-t-elle suscité un gros gaspillage ? (Rappel : souvent, pour 1 kg de crevettes pêchées, ce sont sept kilos de poissons qui sont capturés et qui sont jetés sans être consommés.) Sa production a-t-elle pollué l'environnement ? La liste des questions à se poser est innombrable. La plupart d'entre nous n'en possédons pas les réponses. Alors comment faire ? On en revient au label de qualité pour les produits. A long terme, cette mesure s'imposera probablement à l'échelle de toute la planète, pour tous les produits. Mieux vaut que cela arrive demain plutôt que dans trente ans.

8. *Vais-je utiliser le produit suffisamment souvent pour en justifier l'achat ?*

Cette nouvelle robe pour le mariage d'Emilie se perdra-t-elle dans la masse de mes robes qui font trois petits tours (en public) et puis s'en vont au fond de l'armoire ? Cette vidéo ira-t-elle s'entasser dans ce bahut après un seul visionnement ? Ma salle à manger va-t-elle pouvoir accueillir amicalement ce tableau sur ses murs déjà surchargés ?

9. *La consommation de cette chose (produit, service) me rapproche-t-elle de mon but de vie ? M'aide-t-elle à renforcer mes priorités, ou au contraire me disperse-t-elle ?*

Il s'agit bien sûr d'aborder toutes ces questions avec souplesse, parfois un certain humour. On ne va pas s'angoisser parce que l'on a consommé une glace dont on n'avait pas besoin! Personnellement, j'ai consommé des centaines de glaces dans ma vie, et je suis persuadé que cela n'a jamais été une seule fois par vrai besoin! S'offrir des petits plaisirs, en offrir à d'autres, est une des grandes joies de la vie, et sans ces petites (et parfois grandes) joies, la vie ne vaudrait pour la plupart d'entre nous pas le peine d'être vécue. Mais il y une différence entre s'offrir un week-end à Paris pour visiter une exposition qui nous attire et acheter une voiture de cylindrée très au dessus de nos besoins quotidiens. Tout est question de mesure.

Un élément important dont nous n'avons pas encore parlé est le facteur de ***répétition.*** Ce week-end à Paris pour voir une importante exposition, nous nous l'offrirons peut-être une fois dans l'année. Mais *chaque fois* que nous sortons avec la voiture de grosse cylindrée nous gaspillons inutilement, et cela plusieurs *centaines* de fois par année. *Chaque fois* que nous laissons inutilement allumées une demi-douzaine de lampes, *chaque fois* que nous laissons couler à grands flots la douche pendant que nous nous savonons, *chaque* fois que nous laissons les fenêtres grandes ouvertes pendant un long moment alors que nous chauffons l'appartement... nous manifestons des comportements de gaspillage aussi nuisibles que faciles à corriger. En effet, c'est la répétition des gaspillages qui ruine tant l'écologie de la planète que notre capacité à vivre avec discernement.

10. ***Avant tout, puis-je posséder cette chose et l'utiliser sans qu'elle me possède et m'utilise ?***

Loin d'être culpabilisante, une telle question peut avoir un effet merveilleusement libérateur.

LETS

Depuis quelques années, des réseaux économiques appelés en anglais LETS (Local Employment Trading System – système local d'échange d'emplois) se sont répandus avec succès dans les pays anglo-saxons, de l'Australie (où ils ont pris une grande extension) à l'Amérique du Nord, en passant par l'Angleterre. Ces réseaux de plusieurs centaines de personnes (qui démarrent avec 30-40 individus) constituent des systèmes de création de richesses sans argent fonctionnant de la manière suivante :

Le réseau crée un argent fictif, une monnaie purement comptable. Appelons cet argent «UML» (pour unité monétaire locale). Cet UML ramène l'argent à son vrai rôle, celui d'un *système d'information sur la valeur des choses.* De plus, les gens ne spéculent pas avec l'UML, car elle ne porte pas d'intérêt. Contrairement aux monnaies courantes, le simple fait d'en posséder ne permet pas de s'enrichir, puisque l'UML est en fait une pure convention, un étalon de mesure comptable, non matériel, permettant de déterminer la valeur des biens et des services.

Ensuite le réseau (souvent 300-500 persones) met sur pied un bulletin dans lequel tous les membres vont afficher les biens et services qu'ils offrent aux autres membres du réseau (qu'ils mettent sur le marché), avec indication des prix auxquels sont offerts ces mêmes biens et services, et l'adresse à laquelle s'adresser. (Souvent, l'UML aura une valeur proche de celle de la monnaie nationale, ceci pour faciliter les calculs.) Cela ressemblera à ceci:

Ségolène: leçons de piano, 80 UML l'heure. Tél.377.23.23, le matin.

Charles: comptabilité: 95 UML l'heure: Jardinage: 60 UML l'heure. Tél. bur. 412.90.90, dom. 515. 33.11.

Laurence: massages énergétiques, 90 UML l'heure, le soir après 19 h au 555.19.16.

Désirée: cakes maison, confitures, repas préparés à domicile: selon entente.

André: dentiste diplômé, carie normale 60 UML, autres soins selon entente. Cabinet: 712.12.13 journée.

Chez Suzette: bottier; chaussures payables 25% en UML, le reste en francs.

Ferme La Colline: lait 10 UML le litre; viande 20% en UML, solde en francs; légumes: prix selon la saison, 33% en UML, solde en francs.

etc.

Le réseau est géré par un bureau dont les membres sont démocratiquement élus et remboursés pour leurs services en UML.

Il tient une comptabilité centrale (il existe déjà des programmes informatiques spéciaux pour la gestion d'un système LETS). Chaque fois que deux membres opèrent une transaction, ils l'annoncent au siège qui entre l'échange dans la comptabilité du système.

Il est important de comprendre qu'il ne s'agit pas d'un système de troc, le troc limitant énormément les échanges et manquant de souplesse. N'importe quel membre peut acheter ou vendre un service ou un bien à n'importe quel autre membre du réseau, sans exigence de réciprocité. Ségolène par exemple donnera des leçons de piano à Désirée, qui vendra des cakes à André, qui, après une longue journée de travail, sera enchanté de profiter des superbes massages énergétiques de Laurence. Ségolène sera créditée par exemple de 800 UML pour ses 10 leçons de piano à Désirée, laquelle sera débitée de la même somme. Elle sera par contre créditée de 40 UML pour sa livraison hebdomadaire de cakes à André, qui sera débité de la même somme.

Les systèmes LETS fonctionnent bien sûr parallèlement à l'économie dominante – il n'est pas question pour l'instant de remplacer cette dernière. On ne peut pour l'instant payer ses impôts en UML, ni un voyage aux Seychelles ou aux USA, les compagnies d'aviation n'ayant pas encore découvert le charme et la convivialité du système. Par contre, il permet à des milliers de personnes marginalisées par l'économie dominante – les personnes âgées, les chômeurs, les jeunes, les mères qui veulent retrouver du travail, certains handicapés, etc. – de réintégrer un circuit économique réel, de vendre et d'acheter des services sans débourser un sou, donc de se sentir utiles. Il y a réellement création de richesse sans argent. Nous ne pouvons rentrer ici dans la description de toutes les subtilités du système, ses rapports avec les services des impôts, etc. Nous ne connaissons pas de littérature en français sur cette question, les pays latins commençant à peine à découvrir les LETS, mais ceux qui lisent l'anglais peuvent trouver une littérature abondante sur la question[17].

«Réduire la consommation, c'est courir à la catastrophe»

J'entends déjà les chefs d'entreprise s'écrier: mais si tout le monde se met à pratiquer ce que vous suggérez, notre économie va s'effondrer! En fait, on peut plaider juste l'inverse: c'est l'organisation de l'économie telle qu'elle se met en place actuellement, surtout depuis la chute du communisme, qui risque de créer l'effondrement. Cela pour plusieurs raisons:

1. Des raisons économiques à moyen terme: au nom de la compétitivité (on ne peut survivre dans le système de concurrence internationale féroce d'aujourd'hui que si on est compétitif) on remplace de plus en plus les hommes par des machines et des systèmes d'organisation techniquement efficaces mais nécessitant de moins en moins de personnel. (En termes de management, cela s'appelle le «reengineering».) Cela permet d'améliorer substantiellement la productivité, donc de diminuer les coûts.

Mais ces mêmes entreprises sont à la recherche désespérée de nouveaux marchés, donc de nouveaux clients – et préférablement de clients avec un certain pouvoir d'achat. Or ces chômeurs de plus en plus nombreux qu'elles vont créer par leurs actions qui répondent à une logique économique irréprochable (diminuer les coûts pour vendre meilleur marché) ne pourront pas acheter les produits qu'elles cherchent à vendre! Ainsi les décisions d'entreprises individuelles qui se justifient pleinement au niveau microéconomique deviennent aberrantes au niveau collectif, dans la mesure où elles dressent des barrières qui limitent justement l'expansion incessante des marchés que nécessite le système.

2. En fin de compte, toute l'économie repose sur l'environnement naturel de la planète. C'est pour cela qu'il est insensé d'opposer écologie et économie. La seconde ne peut exister sans la première, alors que la première peut parfaitement se passer de la seconde, comme elle l'a fait pendant plusieurs milliards d'années. A long terme, une économie saine nécessite un environnement sain et équilibré.

Une croissance économique matérielle ininterrompue est mathématiquement impossible sur cette planète. En effet, une économie qui augmente au rythme de seulement 1% par an (ce qui est très inférieur à ce que souhaitent les politiciens) double sa production tous les 75 ans. Au taux plus « désirable » (pour les politiciens qui souhaitent récolter des voix) de 3 %, elle produira, en 70 ans, huit fois autant par année qu'au départ. A un taux de 5% (bien inférieur au rythme de croissance économique de certains pays du Sud), au bout de 70 ans, elle produira 32 fois plus par année qu'au début.

Tôt ou tard nous allons devoir inventer une économie qui serve avant tout l'être humain, une ***économie de service*** qui fonctionne réellement pour tous, la nature y compris, au lieu d'une économie de profit qui sert avant tout les intérêts des détenteurs du capital. Ce sera une économie où servir (au sens noble du terme) passe avant l'accumulation des bénéfices. Ce n'est pas l'objectif de ce livre de décrire en détail une telle démarche qui permettra un vrai ***développement***, mais sur la base d'une économie matérielle ***stationnaire***. Néanmoins, il est possible d'en donner les grands principes tels qu'ils ont été définis par un des chefs de file de « l'économie écologique », l'économiste britannique Paul Ekins[18]. Ces vues paraîtront fort utopiques à certains, mais l'histoire humaine peut aussi être vue comme la réalisation progressive d'utopies dans tous les domaines. Ce qui semblait absolument inconcevable il y a seulement un siècle et demi dans le domaine de la protection sociale et des droits de l'homme par exemple, représente aujourd'hui une norme minimum pour la majorité de l'humanité.

Cette économie devra nécessairement encourager un ***développement durable*** – le seul à permettre une survie de la race humaine à long terme, ce qui n'est pas le cas actuellement. Ekins définit les quatre principes de base de cette économie :

1. Chacun doit pouvoir posséder les quatre formes de capital de base – capital écologique, humain, social et manufacturé – en quantité suffisante pour assurer son autonomie. (Le

capital **écologique**, ce sont les resources naturelles; le capital **humain**, ce sont les êtres humains vus comme des producteurs, avec leur bagage éducatif, culturel, professionnel, etc.; le capital **social** est constitué de la communauté et de la famille, des lois, des entreprises, du gouvernement, etc.; et le capital **manufacturé** est constitué par les outils, les machines, l'infrastructure matérielle, etc.)

2. Les structures de travail devront être organisées sur une base coopérative et permettre un partage étendu des profits par les travailleurs et employés.

3. Un marché décentralisé et vigoureux dans lequel les consommateurs sont suffisamment informés et motivés pour baser leurs achats sur des critères aussi bien éthiques, sociaux et écologiques que plus conventionnels. (Cf. ci-dessus, le consommateur alerte et conscient.) En effet, quand il fonctionne comme il devrait le faire, le marché est un instrument merveilleux pour permettre aux individus d'exprimer leurs préférences d'achat.

4. Un Etat qui sert de contrepoids au marché et qui institue certains mécanismes de contrôle comme par exemple le principe du «pollueur payeur» (quand vous polluez un environnement qui appartient à tous, vous devez être prêt à en supporter les conséquences), les droits de libre association, des conditions de travail décentes pour tous, un filet social pour certaines catégories de la population, etc.

Un développement fonctionnant dans la perspective d'une économie qui vise à long terme l'harmonie avec l'environnement implique selon Ekins les valeurs suivantes:

1. L'impératif absolu de la durabilité: ***aucune*** économie qui se construit aux dépens de l'environnement – comme c'est le

cas de l'économie occidentale depuis la révolution industrielle – ne peut survivre ***à long terme.***

2. L'épanouissement de l'être humain est la raison d'être du développement économique.

3. L'épanouissement de la personne doit être le moyen par lequel le développement se construit. On revient ici à la citation de Goethe en exergue du chapitre II. Une certaine façon de «voyager» est le but de notre «voyage», le but même du développement, qui ne doit exister que par et pour l'être humain.

Ces trois critères, note l'économiste britannique, reflètent des valeurs radicalement différentes de celles de l'économie dominante actuelle. Ainsi, un article du *International Herald Tribune* soulignait que dans la vision monétariste actuelle des dirigeants de l'économie mondiale, «le plein emploi n'est pas un but qui doit être recherché par les gouvernements mais une chose à laquelle on doit *s'opposer à tout prix* «. L'article souligne encore que «les responsables des banques centrales voient un déclin continu du chômage comme une chose terrible»[19]. Quelle curieuse et triste vision de l'économie qui met le loyer de l'argent au-dessus du bonheur des hommes!

Dans la vision conventionnelle de l'économie, on échange de la valeur contre de l'argent, en cherchant à produire des biens et services de la meilleure qualité au prix le plus bas. La nouvelle économie décrite par Ekins, plus humaine et sociale, subordonne cette considération, qui reste importante, à trois autres valeurs: celle de la nature (ce qui conduit à un développement durable respectueux de l'environnement), celle des personnes (basée sur l'épanouissement individuel et la justice sociale), et celle des relations humaines s'exprimant par la participation.

En fait, nous n'avons plus tellement le choix. Nous devons rapidement remplacer le vieux paradigme basé sur l'idée que l'existence de gagnants implique nécessairement celle de perdants, paradigme qui sous-tend l'économie actuelle et nous mène tout droit à l'impasse, par un paradigme que les Anglo-saxons appelent «win-win» (tous gagnants). Dans cette dernière optique, on recherche des solutions dont toutes les parties vont profiter: l'environnement sera plus sain et les entreprises plus rentables; moins de voitures permettront un trafic urbain plus fluide, une atmosphère moins polluée et des piétons plus en sécurité; une reconversion massive de l'industrie d'armements vers la production de systèmes d'énergie douce évitera le licenciement de centaines de milliers d'ouvriers tout en assurant notre avenir énergétique durable; la création de systèmes scolaires où toute la classe serait recalée si un seul élève échouait jetterait les bases d'une gigantesque transformation sociale basée sur la coopération au lieu de la compétition individuelle, etc.

Plus rapidement nous prendrons conscience du choix à opérer entre le vieux modèle «perdant-gagnant» et des modèles où tous sont gagnants, plus grandes seront les chances de survie saine sur cette planète. Ce qui est merveilleux, c'est que chacun de nous peut y contribuer dès l'instant où il prend conscience que nous tenons l'avenir entre nos mains: ce que je fais, ou ne fais pas, a une grande importance. ***Ce que je fais ou ne fais pas fera toute la différence.***

CHAPITRE HUITIÈME

Plaidoyer pour une autre vision

> Il est fort respectable de ne pas avoir d'illusions. C'est aussi sûr, confortable et ennuyeux.
> ANONYME

> La plupart des hommes manquent d'imagination. Ils ne voient pas que ce qui est pourrait ne pas être. Ils ne voient même pas que ce qui est pourrait être autrement; ils ne distinguent pas, au-delà de ce qui existe, le possible. Il faut leur faire voir le possible et qu'il ne tient qu'à eux de le réaliser.
> C.F. RAMUZ

> Un seul combat est perdu d'avance: celui auquel on renonce.
> VACLAV HAVEL

De vivre plus simplement peut paraître un impossible défi dans la société la plus réglementée et la plus compliquée de l'histoire humaine, et qui se complique toujours plus. Cette complication et réglementation croissantes touchent à tous les plans – matériel, administratif, social, médical, technologique, etc. La moindre démarche administrative déclenche une avalanche de papiers qui sème la confusion chez les plus hardis. Il faut pratiquement des autorisations officielles pour couper un buisson – ou presque – chez soi. Pour le moindre petit toussotement, la moindre petite crampe, le médecin vous prescrit des analyses à n'en plus finir, vous envoie chez le spécialiste qui vous passe au scanner. Pour conduire une voiture, il faudra bientôt un brevet en électronique, et peut-être un jour un diplôme pour balayer la rue!

Parallèlement, cette société devient aussi de plus en plus complexe. La complexité, quand elle est bien organisée, peut être admirable – qu'on pense au fonctionnement du cerveau humain. Elle peut l'être moins dans le cadre de sociétés qui ne savent pas vraiment où elles veulent aller.

Cette compl(exif)ication s'accompagne d'une confusion sans précédent dans l'histoire humaine, comme le soulignait lors d'une interview récente l'historien américain Paul Kennedy: «Ce que nous vivons est juste une immense confusion… Que faire avec la Bosnie, la démographie, le vieillissement des populations, les ambitions des multinationales, la montée de l'Asie du Sud-Est ? Nos gouvernements n'ont pas vraiment de réponses, alors ils se tournent vers les experts et des «gourous» pour finalement se faire dire par les plus honnêtes: on n'en sait rien»[1]. Cette confusion existe à tous les niveaux: sémantique, social, éthique, idéologique, conceptuel, religieux, philosophique, existentiel même.

Les Suisses connaissent pour la plupart ce plat savoureux nommé birchermüsli, une sorte de compote faite de tous les fruits imaginables qui sont coupés, pressés, écrasés, triturés, etc., le tout mélangé à des flocons d'avoine auxquels on peut ajouter du yoghourt, du miel, du lait condensé sucré, le tout vigoureusement brassé.

En cette fin de siècle, nous vivons une sorte d'immense birchermüsli, mais il est moins savoureux et surtout totalement déroutant pour la plupart de nos contemporains. Et c'est justement à cause de cette complexification et confusion croissantes que de plus en plus de gens vont ressentir un besoin impératif de vivre autrement, de vivre plus simplement.

Car vivre plus simplement, nous l'avons vu, naît d'une certaine qualité d'être de la personne qui a hiérarchisé ses priorités et sait où elle va. C'est une prise de conscience que la vraie richesse est intérieure et n'a que très peu à faire avec des possessions matérielles. C'est un certain regard que l'on porte sur la vie, les gens, les choses. C'est une façon d'accepter les autres exactement comme ils sont, sans poser de questions ou de conditions. C'est de ne pas se sentir obligé d'avoir des opinions sur tout, et encore moins de les exprimer.

Vivre plus simplement se traduit par une certaine clarté, une sérénité de l'esprit consistant, dans l'incroyable confusion ambiante, à vivre sa vie à partir de quelques règles, quelques grandes lois universelles très simples. (Ce qui ne veut pas dire faciles à appliquer – leur apprentissage prend parfois bien plus que la brève durée de notre vie sur terre). Ces lois, dont nous mentionnons quelques-unes ci-dessous, donnent à celui qui cherche à les appliquer une paix intérieure semblable à cet espace au centre d'une tornade où tout est calme alors qu'alentour règne la tempête.

Vivre plus simplement, c'est découvrir l'immense joie qui naît quand on élague tout le superflu – le superflu matériel, certes, mais qui n'est que l'extériorisation de la peur ou du désir de paraître ou de s'affirmer – comme si les *choses* pouvaient nous donner un surcroît d'*être*. C'est encore une attitude intérieure consistant à rejeter « l'encombrement et la confusion de l'hyperstimulation » qu'encourage notre société. C'est encore choisir le potentiel infini contenu dans l'instant présent plutôt que le mirage d'une jouissance qui se situe toujours dans l'avenir.

Vivre plus simplement, c'est d'abord la réalisation que tout – que l'existence même – est conscience et que ***le vrai but de la vie*** n'est pas quelque lointain « développement », quelque objectif qu'on espère réaliser un jour, mais ***une certaine façon de voyager*** (que ce soit pour les sociétés ou les individus).

Amie lectrice, ami lecteur – comment voyagez-vous ?

Encombré ?

Ou léger ?

Des lois universelles

La simplification de la vie, pas plus que le bonheur, ne peut se vivre dans une tour d'ivoire où l'on chercherait à se protéger des immenses bouleversements que va connaître notre monde et dont la chute du mur de Berlin n'est qu'un pâle avant-goût. Aussi terminerai-je cet ouvrage par quelques considérations plus générales.

L'extraordinaire confusion de nos sociétés va nécessairement pousser de plus en plus de personnes à la redécouverte de la dimension éthique et spirituelle de la vie. Toute confusion est autodestructrice, et la confusion croissante qui existe au niveau de nos sociétés, de la finance internationale à la génétique, va engendrer, par un mouvement de pendule, cette redécouverte. La célèbre prédiction d'André Malraux, «Le vingt-et-unième siècle sera mystique ou ne sera pas»[2] se vérifie de plus en plus, et on constate un intérêt croissant pour la dimension spirituelle de l'existence dans de larges couches de la population.

Pour éviter tout malentendu, nous répétons que nous faisons une distinction fondamentale entre le religieux et le spirituel. Le spirituel, c'est le règne des valeurs de l'esprit, tels que la compassion, l'intégrité, le courage, l'amour inconditionnel, le pardon, la joie, qui s'expriment dans des vies de plus en plus libérées. C'est encore le plan des grandes lois spirituelles de l'univers que nous allons aborder maintenant. Les religions ont interprété et codifié ces lois, les ont enseignées. Pourtant un regard honnête oblige à dire que les résultats sont pour le moins fort mitigés.

Mais un apport positif incontestable des grandes religions a été de révéler l'existence de lois fondamentales qui gouvernent l'univers, et surtout les rapports humains et sociaux. Le rôle des Dix Commandements dans la culture judéo-chrétienne en est un exemple.

En effet – et c'est un point que la société moderne ignore à ses dépens – ce n'est pas l'être humain qui a inventé les grandes lois qui gouvernent l'univers, lois impersonnelles aussi rigoureuses (et capables de vérification) que celles de la physique et de la chimie. Nous ne sommes que les locataires de la planète Terre, non les régisseurs ou les propriétaires. Ignorer ces lois dans la construction de l'ordre social, économique et politique aboutit à creuser sa propre tombe. Nous avons déjà reçu quelques coups de semonce sérieux sur le plan physique au niveau de l'environnement mondial. Sachons utiliser ces avertissements pour susciter une prise de conscience, plutôt que de persister et signer.

Car il est fort douteux qu'un individu ou une société puisse trouver l'épanouissement à long terme sans se conformer à ces lois.

A cause des communications extraordinaires existant à l'échelle de la planète, nous avons la possibilité de découvrir et formuler une spiritualité universelle libérée du carcan des structures religieuses et confessionnelles. Si les grandes lois qui dirigent l'univers sont aussi rigoureuses au plan éthique et spirituel que celles qui existent au plan physique et matériel – et rien, a priori, n'interdit de le croire – alors cette nouvelle spiritualité sera «scientifique» au sens où chacun peut démontrer ces lois dans sa vie de tous les jours. Elle sera même laïque, au sens où elle n'aura plus besoin du cadre, pour certains contraignant, d'une religion organisée.

Parmi ces lois universelles, mentionnons les suivantes:

1. La règle d'or: c'est une des plus universelles. Sa formulation chrétienne («Tout ce que vous voulez que les hommes fassent pour vous, faites-le de même pour eux») a sa contrepartie dans les huit grandes religions de la planète. Ainsi la Sunna islamique dit «Aucun de vous n'est croyant s'il ne désire pas pour son frère ce qu'il désire pour lui-même». Dans la grande épopée hindoue, le Mahabarata, on trouve l'exhortation suivante: «Ceci constitue tout ton devoir: ne fais pas aux autres ce qui, à toi, te causerait du tort». Le Talmud juif dit: «Ce que tu considères comme détestable, ne le fais pas à ton voisin. C'est là toute la loi; le reste n'est que commentaire». Le taoïsme chinois a une règle similaire: «Sache que ton voisin gagne ce que tu gagnes et perd ce que tu perds». Nous ne voulons pas toutes les passer en

revue, mais on trouve cette règle aussi dans le bouddhisme, le confuciansime, et le zoroastrisme.

Quelle plus merveilleuse simplification de la vie pourrait-on trouver que l'application de cette loi dans tous nos rapports humains!

2. LA LOI DU JUSTE RETOUR: elle s'appelle également loi du karma, loi de la cause et de l'effet, et on pourrait la décrire humoristiquement comme la loi du boomerang: on récolte ce qu'on sème. C'est une des lois les plus universelles qui existe et elle s'exprime dans de nombreuses cultures par des proverbes du type «Qui sème le vent récolte la tempête». Même les spécialistes du marketing l'ont découverte, bien qu'ils en fassent une application assez particulière, («Si vous voulez fidéliser vos clients, offrez-leur des produits et services de qualité»). Cette règle est exprimée dans le confucianisme par la pensée «Ce qui procède de vous vous reviendra» et dans l'hindouisme par l'idée que «Vous ne pouvez récolter ce que vous n'avez pas semé; l'arbre poussera comme vous l'avez planté».

Quelle bienfaisante simplification de la vie résulte de l'application de cette loi qui nous libère de tant de calculs compliqués et vaines tentatives de manipuler la réalité!

3. LA LOI DE L'UNITÉ DE TOUTES CHOSES: nous vivons dans un univers où absolument tout est relié. Une trame universelle relie êtres humains, animaux et plantes et constitue le fondement de la loi du juste retour. Il en découle que la forme la plus haute d'organisation sur le plan social est la collaboration et la coopération, non la compétition.

A ce sujet, il est intéressant de remarquer que la théorie darwinienne de la loi du plus fort, qui a servi de justification idéologique au capitalisme naissant, est de plus en plus remise en question, que ce soit par d'éminents scientifiques ou des économistes. Ainsi la biologiste américaine Lynn Margulis, que résume Patrice van Eersel dans son livre *La cinquième vague*, estime que *«le moteur de l'évolution ne serait pas tant dans la rencontre aveugle du hasard et de la nécessité, que la fantastique créativité de millions d'espèces symbiotiquement emboîtées les unes dans les autres et découvrant sans cesse de nouvelles façons de coopérer… Le moteur de l'évolution ne serait pas tant une bataille sanglante, dans laquelle les plus costauds ou les plus vicieux survivraient sur le dos des autres: coopérer serait en réalité plus important que se battre»*[3].

Cette vision de l'unité de toutes choses est particulièrement forte dans certaines religions traditionnelles proches de la nature et chez de nombreux mystiques. Ainsi le mystique sufi Kabir peut-il écrire: «Vois l'un en toutes choses. C'est le second qui t'égare». (Par «second» il faut entendre tout dualisme, qui divise au lieu de réunir.)

Quelle reposante simplicité mentale dans notre vision des choses et de l'univers découle d'une vision d'un monde où tout est un, où tout est l'expression d'une même force de vie sous-jacente!

4. La primauté de l'amour: les plus grands penseurs de l'humanité ont souligné le fait que le plus haut niveau de conscience que l'être humain puisse atteindre est l'amour inconditionnel, et toutes les grandes religions s'en font l'écho. Le fameux chapitre 13 de la première épître de Paul aux Corinthiens en est l'expression la plus connue en Occident. A la limite, vivre, c'est aimer, et il n'y a de vraie vie que dans l'amour, comme l'exprime avec clarté l'apôtre Jean: «Nous savons que nous sommes passés de la mort à la vie parce que nous aimons les frères. Celui qui n'aime pas demeure dans la mort» (I Jean 3: 14-15) Le mystique sufi Rumi fait écho à cette idée: «Ne soit pas sans amour, de peur d'être mort – meurt dans l'amour et reste en vie»[4]. William Law résume une idée générale quand il écrit: «L'amour est infaillible: il n'a point d'erreurs, car toutes les erreurs sont manque d'amour»[5].

La plus extraordinaire simplicité de toutes ne serait-elle pas une vie où l'on s'efforcerait de tout faire avec et par amour?

5. La mort du petit moi, de l'ego: la nécessité de mourir au petit moi, au «moi je» se retrouve dans nombre de grandes traditions spirituelles. Or ce petit tyran, la société de

consommation l'a érigé en roitelet par l'offre de consommations instantanées dans tous les domaines, du café au sexe. Une publicité fut même faite en 1994 à Lausanne pour – comble de la dérision – « l'illumination instantanée ». Dans notre société de la gratification immédiate et incessante du moindre désir, parler de « mourir à soi » semble pour certains un message d'une autre planète. Pourtant nombre de traditions mystiques et shamaniques s'accordent pour reconnaître que « si le grain de blé ne meurt, il ne peut porter du fruit ».

Ce message – comme ce livre – est profondément subversif et dangereux pour notre société où absolument tout se vend et s'achète : du sexe des enfants aux organes humains objets de véritables trafics, des orphelins aux mines anti-personnelles, bradées par diverses nations à quatre ou cinq dollars pièce (alors qu'il en coûte 500 à 1 000 dollars pour le déminage d'une seule) ; de la vertu des politiciens à l'uranium russe écoulé en contrebande, des armes vendues en douce à des pays dont on dénonce publiquement les dictateurs... cette liste couvrirait aisément des pages.

Mais le ***vrai danger*** ne résiderait-il pas dans la perpétuation d'un modèle économique qui fait chaque jour et de façon de plus en plus éclatante la preuve de son échec ? La ***vraie subversion*** ne consiste-t-elle pas à transformer l'être humain – capable d'atteindre les plus hauts sommets de la créativité, de l'intelligence et de l'amour – en une espèce de caddie ambulant sur pilote automatique dans lequel on empile de plus en plus de produits inutiles, voire franchement ridicules ? « Il n'y a pas de plus grand péché que le désir » dit le *Tao-Te-Ching*, un des livres de la sagesse chinoise. « Péché » au sens d'une erreur à l'encontre de soi-même, car nous rendant toujours plus dépendants de choses extérieures. Car il va de soi que certains désirs – comme celui de vouloir s'accomplir, vouloir grandir – sont éminemment positifs.

Qu'il peut être insupportablement compliqué, le petit ego, avec ses mille calculs mesquins, ses petites jalousies, ses désirs constants et inassouvis qui réclament satisfaction à longueur d'année. Qu'il est simple et épuré, le vrai Soi qui naît des cendres de l'ego !

Vivre plus simplement, c'est apprendre à mourir à ces faux désirs qui nous titillent et nous rendent esclaves afin de revivre à un espace intérieur libéré des désirs inassouvis, un espace de sérénité, de paix et de confiance en la vie.

6. La loi du pardon: c'est Saint François qui disait que celui qui n'avait pas fait l'expérience du pardon avait manqué la plus grande joie de l'existence. Pardonner, contrairement à la caricature qui en a été faite et qui exigerait que celui qui a fait un tort supplie le pardon de celui qui a été lésé, est une libération des chaînes que représentent le regret, le remords ou le ressentiment. Comme l'écrit Edith Stauffer dans son livre *Unconditional Love and Forgiveness* (L'amour et le pardon inconditionnels): «Le pardon est une décision de ne pas se punir soi-même pour les torts commis par d'autres ou d'autres circonstances. C'est une décision de rentrer dans le flot de l'amour et de la vie»[6].

Que ce soit dans nos ateliers «Images de soi» ou les cours que je donne à des personnes en recherche de travail, je suis toujours stupéfait par le poids de choses passées, de ressentiments profonds (y compris à l'égard de soi-même) que tant de gens peuvent traîner, parfois toute une vie! Ce livre fait plusieurs fois allusion à la possibilité de voyager libre, de voyager *léger.* Ce voyage sans fardeau implique également de pardonner le passé, de laisser «passer le passé». On peut accumuler des griefs et des remords autant que des objets matériels – et peut-être les deux formes d'accumulation sont-elles liées – comme si les objets inutiles accumulés étaient le reflet de ressentiments non dénoués.

Vivre simplement, c'est savoir lâcher prise!

7. La plénitude et la richesse sont en nous: si un thème des grands enseignements spirituels de l'humanité est aux antipodes de la société de consommation, c'est bien celui-ci. Pourtant, nul ne trouvera la sérénité profonde de la vie, la paix intérieure, s'il n'a pas découvert que la plénitude du bien est en lui-même, en elle-même – déjà maintenant. Nul besoin de la rechercher en dehors de soi. Réfléchissez un instant à ce qui se

produirait si on vous enfermait pour une durée indéterminée dans une cellule blanche, sans bruit, avec une fenêtre à barreaux donnant sur un mur blanc, avec pour tout mobilier un matelas. Serait-ce la torture ? Serait-ce le ciel ?

De la réponse à cette question vous pourrez apprendre beaucoup sur l'état d'avancement de votre découverte, à savoir si le « ciel » (une expression symbolique pour exprimer la plénitude intérieure) est en vous. Comme le dit le confucianisme : « Ce que l'homme non développé recherche à l'extérieur, l'homme avancé le cherche en lui-même ».

Faites l'exercice suivant alors que vous êtes dans un grand supermarché (et pendant que le haut-parleur annonce peut-être une action unique, avec des prix irrésistibles… mais seulement pour les deux heures qui suivent!) Marchez tranquillement au milieu de la foule qui se bouscule, répétant silencieusement une phrase du type : « J'ai en moi la totalité du bien ». Et observez les résultats – surtout si vous le faites systématiquement.

Quelle plus merveilleuse simplification de la vie découle de la réalisation que nous avons déjà tout en nous – la beauté, la joie, l'épanouissement, la confiance, l'immortalité, l'amour.

Cette liste de sept grandes constantes spirituelles est très loin d'être exhaustive. Ces sept lois se rapportent directement au thème de la simplicité. On aurait certainement pu en inclure d'autres. Ceux qui voudraient poursuivre cette recherche pour eux-mêmes sont encouragés à lire l'ouvrage d'Aldous Huxley, *La philosophie éternelle*, anthologie de grands textes spirituels qui, lorsqu'il parut juste après la dernière guerre, fut décrit par le *New York Times* comme la plus grande anthologie de tous les temps[5].

Consommons, consommons

Un des hebdomadaires les plus lus de Suisse romande faisait paraître en juin 1995 un éditorial intitulé «Consommez, consommez», que nous citons parce que le point de vue qu'il défend présente certainement l'opinion dominante parmi beaucoup d'entrepreneurs et de personnes des affaires et du commerce. L'auteur écrit «Pourquoi nous les consommateurs au porte-monnaie le mieux garni de la planète, nous refusons-nous le plaisir de remplir à ras bord nos caddies ? Comme nous le faisions si joyeusement dans le passé ?» Et de constater, ô horreur, que le commerce de détail a reculé de presque... deux pour cent en Suisse durant les quatre premiers mois de 1995. Ainsi ce que l'on pourrait signaler comme le début de la sagesse est décrit comme «une attitude suicidaire». «L'épargne privée», ajoute l'auteur en lignes grasses, «doit servir prioritairement à faire tourner un appareil performant». Et au risque que le message ne soit pas bien compris, l'article se termine par l'exhortation, «Consommons. Consommons donc joyeusement».

Ainsi, il est dit sans ambages, sans aucune fausse pudeur que le consommateur, via son épargne, existe pour faire tourner une machine économique qui s'essouffle, une machine économique qui ne sait plus qu'inventer pour titiller nos désirs, satisfaire nos moindres envies, en susciter de nouveaux totalement artificiels. Car personne ne nous fera croire que c'est pour répondre aux besoins des consommateurs qu'on a lancé sur le marché les parfums et brosses à dents pour chiens, les pilules déodorantes pour nos matières fécales, des sièges chauffants pour WC ou des *softwatch* (montres) en forme de poire.

Bien sûr, cette machine économique doit servir le consommateur, ***et elle le sert même très bien dans une certaine mesure.*** Mais dans une certaine mesure seulement, car les fausses notes y sont de plus en plus fréquentes et stridentes.

Pareil système économique devra ou bien subir une mutation profonde dont il sortira sans doute fondamentalement transformé, ou bien disparaître, à l'instar du communisme. L'économie de marché n'existe pas de droit divin, et seul un manque total d'imagination, comme le souligne Ramuz, nous empêche d'envisager un ***autre possible.***

Une autre vision

Notre espèce est à une croisée des chemins décisive.

Nous pouvons apprendre à nous unir et coopérer pour la réalisation d'un grand projet collectif, comme la création d'***un monde qui fonctionne pour tous*** (animaux et plantes compris). Cela passera nécessairement par une redéfinition de la notion de ce qui constitue un ***vrai progrès***, qui est bien autre chose que la simple augmentation du nombre de téléphones, voitures ou postes de télévision par habitant. Il est urgent de définir ce que nous entendons par progrès, car en l'absence d'un minimum d'entente sur ce thème, il sera difficile de nous mobiliser pour un projet global.

Nous pouvons aussi nous enfermer dans le trompe-l'œil d'une société où le paraître et l'avoir dominent l'être. Dans ce cas, il y a fort à parier que nous irions de catastrophe en cataclysme avant de revenir douloureusement à plus de sagesse. Le choix appartient, y compris, par son style de vie, à chaque lecteur, chaque lectrice de cet ouvrage.

Et n'oublions pas que pour plus d'un milliard de personnes survivant avec à peine un dollar par jour, la catastrophe est déjà là, elle est quotidienne. Par ailleurs, n'y a-t-il pas quelque chose d'obscène dans le fait que pour chaque habitant du Tiers-Monde luttant courageusement mais combien péniblement pour survivre avec l'équivalent d'environ un dollar, chaque jour il s'échange sur les marchés monétaires 1 000 dollars à des fins purement spéculatives (chapitre VI) ?

La réalisation d'un objectif commun partagé par tous implique un minimum de deux conditions :

1. Une vision collective (ce qui inclut la volonté politique de la réaliser).

2. Le remplacement de l'actuel féroce système de compétition tous azimuts par des systèmes de relations basées sur la coopération, y compris au niveau économique.

Une des grandes figures du développement international dans les années 1960, la britannique Barbara Ward, avait coutume de dire que tout ce qui marche aujourd'hui avait commencé avec un petit groupe d'idéalistes prêts à s'investir pour une idée. Elle citait un proverbe de l'Ancien Testament qui dit que « là où n'existe pas de vision, le peuple périt ». « Notre perspective visionnaire constitue le vrai réalisme, et c'est ce que nous devons poursuivre », disait-elle.

La fin du chapitre précédent rappelait que lorsque nous regardons l'histoire humaine, nous constatons qu'à travers toute notre trajectoire, les utopies d'hier sont devenues la réalité d'aujourd'hui. Ainsi, si on avait décrit à un ouvrier du début de la révolution industrielle – qui travaillait 14-16 heures par jour, dormant parfois dans l'usine, sans vacances, sans la moindre assurance ou sécurité quelconque, dans des conditions matérielles et d'hygiène totalement inacceptables, moins bien traités que les chevaux du propriétaire – si on avait décrit à cet ouvrier ce que seraient les conditions de travail de l'ouvrier européen moyen 150 ans plus tard, il n'aurait même pas réussi à l'imaginer. (En Ecosse, certains mineurs étaient marqués au fer rouge et travaillaient six jours par semaine dans la mine, ne remontant que le dimanche.)

Si on avait expliqué à un prisonnier suédois du siècle passé comment serait traité un détenu dans son pays 150 ans plus tard, si on avait décrit à un médecin de 1850 ce que serait un hôpital moderne en 1990... aucune de ces personnes n'aurait même eu dans sa pensée les concepts lui permettant de commencer à imaginer ce qui s'est réalisé depuis.

Quant à la coopération, un des secrets les mieux gardés de la planète aujourd'hui est le développement extraordinaire qu'elle connaît à tous les niveaux et à l'échelle mondiale. On peut dire sans ironie aucune que la compétition ne peut fonctionner aujourd'hui qu'à cause de l'extraordinaire collaboration et coopération qui règne à l'échelle internationale, illustrée par exemple par:

1. Les **Organisations spécialisées des Nations Unies**: plusieurs dizaines d'agences spécialisées des Nations Unies assurent une collaboration mondiale souvent indispensable dans de nombreux domaines (santé, réfugiés, télécommunications, rapports de travail, climat et environnement, etc.). D'autres organisations s'occupent du respect des brevets, de la mise au point de différents standards à l'échelle industrielle... cette liste des tâches des organisations spécialisées des Nations Unies couvrirait des pages.

2. De nombreuses **autres organisations internationales** non affiliées au système des Nations Unies assument des tâches toutes aussi indispensables, comme l'Union Postale Universelle, une des organisations-clés de la planète, le Comité International de la Croix Rouge, les organisations syndicales internationales, l'Interpol, la IATA (lignes aériennnes commerciales) etc.

3. Des **kyrielles d'organisations professionnelles** lient entre eux des professionnels de toutes les disciplines et secteurs économiques. Ces organisations permettent une amélioration continue de la qualité des services dont nous bénéficions dans tous les domaines.

4. Des **centaines de milliers d'associations, fédérations et ONG** (organisations non gouvernementales) quadrillent la terre d'un réseau serré de relations solidaires dans tous les domaines imaginables: santé, social, développement international, enfants, femmes, handicapés, consommateurs, environnement, retraités, églises. Si les unes sont constamment à la première page des médias de par la nature de leurs activités (on pense à Greenpeace) d'autres œuvrent en silence depuis parfois

plus d'un siècle comme la British Anti-Slavery Society ou la Fédération abolitionniste internationale qui lutte contre la prostitution. Presque toutes collaborent en vue d'une amélioration de la condition humaine.

5. Finalement, au niveau national et local, d'innombrables **associations bénévoles** de toutes sortes, depuis les parents d'élèves, en passant par les associations de chômeurs, les nombreuses associations de solidarité avec les réfugiés et les exclus de toute sorte, les chorales, groupes sportifs et associations culturelles ou de quartier, caisses d'épargne locales... Leur liste est infinie. Tous ces groupes constituent un étonnant réseau de solidarité et de coopération qui fonctionne efficacement et, en général, discrètement.

Seule une illusion d'optique savamment entretenue nous fait croire que nous existons dans un monde avant tout dominé par la compétition, alors que c'est le contraire qui est vrai. ***Sans l'extraordinaire degré de collaboration et de coopération atteint dans de nombreux domaines, nos sociétés tomberaient en quelques jours dans la plus totale anarchie.*** De toute évidence, la coopération et la collaboration dominent la planète.

Nous n'entrerons pas dans le pourquoi et le comment de cette illusion d'optique. Il nous suffit de constater que la coopération et la collaboration sont de loin le mode dominant de relation sur la planète. La coopération, non la lutte, s'imposera demain comme mode dominant de relation, même au niveau économique. Quand ce «demain» arrivera, et dans quelles conditions il se manifestera, dépasse de loin les capacités divinatoires de l'auteur de ces lignes. C'est le grand physicien danois Nils Bohr qui disait avec une délicieuse ironie que la prospective était une activité difficile, surtout concernant l'avenir.

Alors terminons sur deux notes d'espoir !

La première, c'est la constatation que tout ce que vous entreprenez pour modifier votre consommation dans un sens plus modeste, en réalisant que l'on peut vraiment vivre ***mieux*** avec ***moins,*** contribue réellement à la transformation de la société. C'est souvent le premier pas qui compte. Alors commencez aujourd'hui, quelle que soit la modestie du geste ou de l'action. L'union fait la force, «beaucoup de petits affluents font le grand Zambèze» comme l'affirme un proverbe du Zimbabwe. Je garde la profonde conviction que nous réussirons à créer un monde qui fonctionne pour tous parce que nous *devons* réussir, et que l'univers soutient tous ceux qui œuvrent dans le sens des grandes lois qui sous-tendent notre existence.

C'est Einstein qui soutenait que «sans la croyance à l'harmonie interne du monde, il n'y aurait pas de science». Comme lui, je crois profondément à l'existence d'un Principe d'harmonie fondamental qui dirige cette symphonie stupéfiante qu'est la nature et l'univers. Habitants de la petite barque nommée «planète terre», nous ne sommes pas seuls dans cet immense univers. Nous arriverons, j'en suis convaincu, «à bon port», même si quelques tempêtes nous attendent en route, tempêtes dont nous pouvons atténuer ou augmenter la violence par notre comportement dans les années à venir. Car les trente à quarante années devant nous vont être cruciales pour notre espèce.

Vaclav Havel, parlant de l'espoir, affirmait: *«L'espoir auquel je pense souvent… est un état d'esprit plutôt qu'un état du monde. Ou bien nous avons l'espoir en nous, ou bien nous ne l'avons pas. L'espoir n'est pas un pronostic – c'est une émanation de l'esprit. Chacun de nous se doit de trouver l'espoir réel, fondamental, en lui-même. Vous ne pouvez le déléguer à qui que ce soit.*

L'espoir – dans ce sens profond et puissant – n'est pas la même chose que la joie quand tout marche bien, ou la disponibilité à investir dans des entreprises qui marchent vers le succès. L'espoir n'est décidément pas la même chose que l'optimisme. Ce n'est pas la conviction que quelque chose va s'arranger, mais ***la certitude qu'une chose a un sens, quels que soient les résultats.*** *C'est cet espoir par dessus tout qui nous donne la force de vivre et de continuellement essayer de nouvelles approches même dans des conditions qui semblent aussi démunies d'espoir que les nôtres ici et maintenant. En face de cette absurdité, la vie est une chose trop précieuse* *pour que nous nous permettions qu'elle soit dévaluée en vivant une existence sans but, vide, dénuée de sens, une existence sans amour et, finalement, sans espoir.»*[8]

«Toutes les fleurs de l'avenir sont dans la semence d'aujourd'hui» dit la sagesse populaire. Chacun de nos gestes, chacune de nos pensées même, peut devenir porteur de vie, porteur d'espoir. Le choix est à nous.

Bibliographie et notes

CHAPITRE PREMIER

La surconsommation érigée en norme

1. Alan Durning, *How Much is Enough*, Norton, N.Y. 1992, p. 38. Ceci est l'ouvrage de référence par excellence sur la surconsommation dans le Nord. La publication annuelle *Vital Signs* de Lester Brown et al. du Worldwatch Institute de Washington D.C. (qui ne paraît pas encore en français, mais cela ne saurait tarder) Norton, N.Y 1995, ajoute (p. 95) que de 1950 à 1995, les seules exportations mondiales sont passées de $ 328 milliards à plus de $ 4 000 milliards par an. Cet ouvrage constitue une référence statistique très précieuse sur les principales tendances du développement mondial.

2. Béat Kappeler, «La richesse cachée de la nation» *L'Hebdo*, 24 novembre 1994, p. 39.

3. Marie-Claire de la Godelinais, «L'évolution du mode de vie» *Données Sociales* 1990, INSEE, Paris, 1990, p. 182 ; et: *35 ans de consommation des ménages*, INSEE, 1995.

4. Alan Durning, op. cit. pp. 21-22.

5. Ibid. divers passages.

6. Chiffres aimablement fournis par le Conseiller économique et commercial de l'ambassade de France à Berne, 10/11/95.

7. Ignacio Ramonet, «Citoyens sous surveillance», *Le Monde Diplomatique*, mai 1994, p. 20.

8. Jacques de Charrière, «La grande attaque des enfants gâtés», *Bilan*, juin 1992, pp. 66-74.

9. Estelle Saget, «Du berceau à la tombe», *Bilan*, février 1995, pp. 50-57.

10. Ibid, p. 57.

11. Samuel E. Bleeker, «The emerging metamart», *The Futurist*, mai-juin 1995, p. 417-419.

12. E. F. Schumacher, *Small is beautiful*, Seuil, Paris, collection Points, 1979 (L'éditeur français a maintenu le titre anglais). Nous avons traduit ce passage de la version anglaise.

13. *Vital Signs*, op. cit. p. 77. En 1950, il y avait dans le monde 4 millions de ménages avec la télévision.

14. Paul Harrison, «Coping with consumers in to-morrow's world», *People and the Planet*, 1(1-2), 1992, p. 18.

15. Revue *Panda* (WWF Suisse), février 1994, Tableau p.16.

CHAPITRE DEUXIÈME

Le nord a perdu le nord

1. «Pesticides and after», *International Herald Tribune*, 15 nov. 1988, p. 4.

2. *Tableaux Economiques Français,* INSEE, Paris, 1995 et Agence pour l'Environnement et la Maîtrise de l'Energie, (ADEME), dépliant *Les déchets*, Paris, 1993.

3. Voir Wolfgang Zuckermann, *The End of the Road*, Lutterworth Press, Cambridge, 1991, pour une grande partie des chiffres sur la voiture cités dans ce livre, et l'ATE (Association Transports et Environnement, Berne).

4. *Maîtrise de l'énergie en chiffres 1973-1993,* ADEME, Paris, 1994.

5. W. Zuckermann, op. cit. p.7. La citation française originale du *Tableau*.... a été retraduite de la traduction anglaise citée par Zuckermann. Il y a donc certainement des divergences entre notre texte et la version originale française.

6. ADEME, La Maîtrise...op. cit. p. 11.

7. Ivan Illich, *Nemesis médicale*, Seuil, Collec. Points, Paris, 1981.

8. «Les Genevois consultent-ils trop les psychiatres», *Journal de Genève et Gazette de Lausanne*, 6-7 mai 1995, p. 13.

9. Communication personnelle du Prof. Georges Peters.

10. «La santé la plus chère n'est pas la meilleure», *Coopération*, 26 octobre 1995, pp. 6-9.

11. *35 ans de consommation des ménages*, op. cit. pp. 12 et 24.

12. Gonzague Pillet, «La capacité écologique des nations» *Ecodécision*, N° 8, mars 1993, pp. 18-22.

13. Norman Myers, «The Cairo Crunch», *People and the Planet*, 3(3) 1994, p.37 et Susan George, «Le danger d'un chaos mondial» *Le Monde Diplomatique*, juillet 1995, p. 22.

14. Pour une bonne présentation simplifiée du problème, voir «L'ozone en haut, en bas», *Panda*, 4, 1992.

15. Voir «La diversité écologique en danger», *Panda*, 3, 1990, p. 7 et Jean-Paul Ganda, «Faut-il sauver l'éléphant», *Croissance*, juin 1992,pp. 41-43.

16. «How many fishes are left in the sea», *International Herald Tribune*, 13-14 mai 1995,p. 9. Voir aussi le superbe reportage du *National Geographic Magazine* américain, «Diminishing returns», 188 (5) Nov. 1995, pp. 2-37.

17. Jessica Matthews, «The time to save fish stocks is now», *International Herald Tribune*, 16 avril 1994.

18. Manfred A. Max Neef «Economics and Life», *Consumption Patterns*, ICVA. (Conseil International des Agences Volontaires), Genève, 1992, pp. 4-8.

19. Herman Daly, «Sustainable growth? No thank you», *Resurgence* (GB) N° 153, pp. 8-10.

20. «Nous sommes devenus des apprentis sorciers» interview dans le *Journal de Genève et Gazette de Lausanne*, 9 février 1995, p. 7.

CHAPITRE TROISIÈME

Redéfinir les termes

1. Neil Postman, *Teaching as a Conserver Activity*, Delta, N.Y. 1979, p. 159.

2. Joe Dominguez et Vicki Robin, *Your Money or Your Life*, Viking, N.Y. 1992, p. 247.

3. Cité dans *Humankind Advancing*, 4(4) octobre 1993, Lockport, Nova Scotia (Canada) p. 13.

4. Tor Nørretranders, *Märk Världen*, Bonnier Alba, Stockholm, 1995. (Nous donnons la référence de l'édition suédoise).

5. Dominguez et Robin, op. cit. p. 167.

6. «Il faut tout changer», interview de Maurice Strong dans le *Journal de Genève* du15-16 février, 1992. (Ce dernier a repris la Gazette de Lausanne en 1993, d'où les variations dans les références du titre du journal).

7. Alan Durning, op. cit., p. 22.

8. *Vital Signs*, op.cit., p. 80.

9. Pierre Pradervand, «Sur le guidon, bien sûr», *Educateur*, N° 5, 21 juin 1984, p. 16.

10. Sri Aurobindo, *La Bhagavad Gîta*, Ed Albin Michel, Paris, 1942, p. 83.

11. Susan George, *L'effet boomerang*, La Découverte, Paris, 1992.

12. Emission TV La Marche du Siècle, «Etat de siège» (le chômage en France), du 31 mars 1993, dans lequel l'industriel Michel Albert est interviewé.

13. Jonathan Weiner, *The Next One Hundred Years*, Bantam Books, New York. 1990, p. 219.

14. Richard P. Bentall, «A proposal to classify happiness as a psychiatric disorder», *Journal of Medical Ethics*, 1992, 18, pp. 94-98.

15. Ken Keyes, *The hundredth monkey*, Vision Books, St. Mary, Kentucky, 1982.

16. Albert Jacquard cité dans L'Impartial (La Chaux-de-Fonds) du 24 octobre 1987. Aujourd'hui, nous sommes bientôt six milliards

CHAPITRE QUATRIÈME

Etre ou avoir ?

1. Erich Fromm, *To Have or To Be?*, Harper and Row, New York, 1976, p. 110. Nous avons retraduit cette phrase de l'édition originale anglaise.

2. Erica Erdmann dans *Humankind Advancing*, op. cit., Editorial, p. 2.

3. Richard Gregg, cité dans Duane Elgin, *Voluntary Simplicity*, William Morrow, New York, 1981, p. 31.

4. Brian Tracy, *Maximum Achievement*, Simon and Schuster, New York, 1993, chap. 5.

5. Gary Zukav, *The Seat of the Soul*, Simon and Schuster, New York, 1989, pp. 28-29 et 92.

6. Richard Bertschinger, *The Secret of Everlasting Life*, Element Books, Shaftesbury, GB, 1994, page de garde intérieure.

7. Mary Baker Eddy, *Science et Santé, avec la Clé des Ecritures*, Christian Science Publishing House, Boston, 1917, réédité de nombreuses fois depuis.

8. Pierre Pradervand, *Une Afrique en marche*, Plon, Paris, 1989, p. 299.

9. Helena Norberg-Lodge, «The psychological road to development», *Cultures et Développement*, 1994, N° 17-18, pp. 12-13

10. Laurence van der Post, *The Heart of the Hunter*, Harcourt, Brace, New York, 1961

11. Blaise Pascal, *Pensées*, Flammarion, Paris, 1976, 169-133, p. 96

12. Kahlil Gibran, *Le Prophète*, Casterman, Paris, 1956, pp. 22-23

13. Mary Baker Eddy, op. cit., p. 57

CHAPITRE CINQUIÈME

Le temps de l'instant présent

1. Alvin Toffler, *Les Nouveaux Pouvoirs – savoir, richesse et violence à la veille du 21ᵉ siècle,* Le Livre de Poche, Paris, 1993.

2. Jeremy Rifkin, *Time Wars,* Simon and Schuster, New York, 1989.

3. Kristen Bell De Tienne, «Big brother or Friendly Coach?», *The Futurist,* sept-oct. 1993, pp. 33-37. Voir aussi, «De plus en plus d'employés sont surveillés à leur insu par leur patron», *Journal de Genève et Gazette de Lausanne,* 3 août 1994, p. 5.

4. Deepak Chopra, *Ageless Body, Timeless Mind,* Random House, Londres, 1993.

5. Jean-Louis Servan-Schreiber, *L'art du temps,* Fayard, Paris, 1983, divers passages.

6. Gerald G. Jampolsky, *Out of the Darkness into the Light,* Bantam, New York, 1989, p. 238. (Cet ouvrage est paru en traduction française aux Editions Vivez Soleil, Chêne-Bourg, Genève, avec le titre: *Mon chemin vers la lumière.* Nous avons traduit le texte de l'original anglais).

7. Marie-Claire de la Godelinais, «L'évolution du mode de vie», op. cit, section sur «Emploi du temps».

8. J. Rifkin, op.cit., p. 69.

9. Club Echange et Projets, *La révolution du temps choisi,* Albin Michel, 1980, préface de Jacques Delors.

10. Piero Ferrucci, *Inevitable Grace,* Crucible, The Aquarian Press, Wellingborough, GB, 1990, pp. 95-96 (Souligné par nous).

CHAPITRE SIXIÈME

L'argent, ou ma précieuse énergie de vie

1. Chiffres cités dans une conférence publique du Pr. Fornallaz, directeur de l'Ökozentrum Langenbrück en Suisse aux journées de l'Association pour un ordre économique naturel, (INWO Schweiz), Kursaal, Berne, 15 septembre 1995.

2. Stéphane Garelli, dans le dossier Jeudi Economie N° 100, « La finance met-elle l'économie en danger ?» *Journal de Genève et Gazette de Lausanne*, 6 juillet 1995, p. 4.

3. *Centre Info News*, nov-déc. 1994, Centre Info suisse pour l'investissement, Stalden 30, CH–1700 Fribourg.

4. Margrit Kennedy, *Geld Ohne Zinsen und Inflation* (L'argent sans intérêts ni inflation), Goldman, Munich, 1994, qui cite ces chiffres et d'autres plus étonnants encore. Ce livre simple et clair agit comme un puissant révélateur pour toute personne intéressée à vraiment comprendre un des mécanismes les plus fondamentaux de notre économie, qui est à la base de l'écart croissant entre les moins bien lottis et ceux qui s'enrichissent par la simple possession d'une certaine quantité d'argent. L'ouvrage existe aussi en anglais : *Interest and Inflation Free Money*, Seva Publishing, Michigan, 1995.

5. *The Economist* du 5 novembre 1994, cité dans *Le Courrier* (Genève) du 11 novembre 1994. Une enquête de l'OECD publiée dans le courant de l'automne 1995 donnait un classement nettement moins défavorable à la Suisse.

6. «Qu'avez-vous regardé l'an dernier à la TV ?» *Le Nouveau Quotidien* du 17 mars 1994.

7. Dominguez et Robin, op.cit., p. 117.

8. L'adresse de la Banque Alternative Suisse en Suisse romande est : BAS, C.P.138, CH - 1000 Lausanne 17 Tél. (41-21) 311.72.93, fax 312.65.37.

CHAPITRE SEPTIÈME

Que faire pour vivre plus simplement ?

1. Sur le thème de la viande, voir «La ronde des viandes», *Courrier de la Planète*, N° 5, mars 1992, pp. 21-32 et le chapitre 5 d'Alan Durning et Holly Brough dans l'*Etat du Monde 1992*. Cet excellent document publié par le Worldwatch Institute de Washington fait chaque année le tour des grands problèmes écologiques de la planète. Il est publié dans une vingtaine de langues. (La Découverte, Paris, pour l'édition française).

2. Cité dans «Etats-Unis: sale temps pour la vache», *L'Hebdo*, 25 juin 1992, pp. 44-45.

3. David M. Roodman, «Public Money and Human Purpose: the Future of Taxes», *Worldwatch*, sept-oct. 1995, pp. 11-19.

4. Pour plus d'informations sur ces cuisinières solaires simples et efficaces, contacter l'association ULOG, Morgartenring 18, CH–4054 Bâle, tél. (41-61) 301.66.22. ULOG assure aussi la formation de formateurs dans le Tiers Monde.

5. ADEME, *Maîtrise de lEnergie*... op. cit. et *Annuaire Statistique de la France*, Paris, 1994.

6. Ministère de l'Environnement, Paris, Direction de l'Eau, *Economie d'eau dans l'habitat*, dépliant, s.d. Voir aussi *L'eau, source de vie*, Congrès de la Rochelle 1990, Association Nationale des Elus/Elues Ecologiques, 96, rue Vaugirard, Paris, p.15 pour la citation.

7. *INC Hebdo*, Paris, N° 899, 14 avril 1995 numéro sur *Les économies d'eau*.

8. Ibid, p. 8.

9. *La consommation des ménages en 1994*, tableau «Consommation des ménages par fonction en 1992», INSEE, Paris, 1995, et *35 ans de consommation des ménages*, op. cit., p. 12.

10. Laurent Duvanel et Sylvain Goujon, *Miroir Ecologique Suisse* 1995, Editions Zoé, Genève, 1994.

11. W. Zuckermann, op. cit., p. 265.

12. L'adresse de COPAUTO en Suisse romande est: 7, Rue des Gares, CH–1201 Genève, Tél. (41-22) 740.00.50, fax 740.44.28.

13. David Gershon, Robert Gilman, *Das Ökoteam Buch für den Haushalt*, für die Schweiz bearbeitet von Ursula Morgenthaler, GAP Schweiz, Wartstrasse 3, CH–8400 Winterthur.

14. ADEME, *Les déchets en France*, dépliant, 1993.

15. «Boy, 12, who stood up is killed in Pakistan», *International Herald Tribune*, 14 avril 1995, p. 4.

16. *Shopping for a Better World*, Council on Economic Priorities, 30, Irving Place, New York, N.Y. 10003, 1988.

17. Il existe une centrale pour tous les systèmes LETS en Angleterre qui distribue et vend livres, vidéos, programmes informatiques etc. sur et pour les systèmes LETS: LETSLINK, 61, Woodcock Rd, Warminster, WILTS BA12 9DH, tél. (44) 985 217 871.

18. Paul Ekins, *Wealth Beyond Measure*, Gaia Books, Londres, 1992.

19. Jim Hoagland, «Afraid of inflation, not afraid of the jobless», *International Herald Tribune*, 17 juin 1994, (souligné par nous).

CHAPITRE HUITIÈME

Plaidoyer pour une autre vision

1. «Revenir en arrière? C'est trop tard et irréaliste», interview de Paul Kennedy, *Journal de Genève et Gazette de Lausanne*, 6 juillet 1995; Jeudi Economie N° 100, p. 16.

2. «Le vingt-et-unième siècle sera-t-il religieux?», par André Frossard, *Le Nouvel Observateur*, collection Dossiers, La Pensée d'aujourd'hui, N° 2, octobre 1990, 9. Cette phrase est en général citée, soit avec l'adjectif «religieux» soit l'adjectif «spirituel».

3. Patrick van Eersel, *La cinquième vague*, Grasset, Paris, 1993, pp. 195-196.

4. William C. Chittick, *The Sufi Path of Love*, State University of New York Press, New York, 1983, p. 214.

5. Aldous Huxley, *La philosophie éternelle*, Seuil, Paris, collec. Points, 1977, p. 122.

6. Edith R. Stauffer, *Unconditional Love and Forgiveness*, Triangle Publishers, distribué par Psychosynthesis international, Diamond Springs, Californie, p. 139.

7. Vaclav Havel, « Never hope against hope » *Esquire*, octobre 1993, p. 68 (Traduit par nous).

Les ateliers «vivre autrement»

Voulez-vous vivre de façon plus équilibrée? D'une façon écologiquement plus adaptée au vingt-et-unième siècle – donc plus solidaire de la planète et de tous ses habitants? Eveiller en vous cette créativité innée qui n'attend qu'une chose: l'occasion de s'exprimer? Découvrir un style de vie qui permette de vivre mieux avec moins?

Alors les ateliers *Vivre Autrement*, créés par Pierre Pradervand en 1993, et uniques dans la sphère francophone d'Europe, s'adressent sans doute à vous. Ils ont tous lieu en Suisse romande.

Des pistes pour mieux vivre

Nos ateliers visent à offrir des pistes qui permettent à chacun d'amorcer sa réponse aux questions qu'il ou elle se pose, car il n'existe pas de réponses «clés en main» dans ce domaine. Chaque individu conscient est son propre maître. Chacun peut découvrir ce «mieux vivre» pour lui-même – s'il prend le temps d'écouter et qu'il se donne l'espace pour évoluer à son rythme.

Les ateliers *Vivre Autrement* durent un, deux ou six jours.Dans les ateliers d'une journée, nous abordons les thèmes de l'argent, du temps et de la créativité. Un nouvel atelier s'intitule «Vivre, se détendre et s'épanouir par le jeu». Finalement, les amateurs de solaire peuvent monter en une petite journée leur propre fourneau solaire.

Les ateliers d'un week-end portent sur: Images de soi (apprendre à s'aimer, se respecter et s'apprécier est indispensable si on veut s'entendre avec et apprécier les autres), Le temps et l'argent (les deux thèmes réunis) ainsi que le thème de ce livre: Vivre plus simplement.

L'atelier de six jours – qui pourra intéresser particulièrement les personnes habitant en dehors de la Suisse – a pour thème: Recréer sa vie. Il concerne les personnes qui sont à un tournant dans leur vie, ou qui voudraient s'engager dans une nouvelle direction; ceux et celles qui voudraient donner un nouvel élan à leur vie, rechercher plus de cohérence; ou simplement les personnes qui voudraient s'accorder une pause pour réfléchir dans une atmosphère particulièrement stimulante. Cet atelier a lieu en juillet et août, en français ou en anglais.

De juin à septembre, nos ateliers ont lieu dans un site exceptionnel et réellement féerique des Alpes suisses, un petit hameau valaisan accroché au flanc d'une montagne, à 2150 mètres d'altitude, dans un vieux chalet entièrement rénové. Ils constituent une expérience inoubliable pour ceux qui y prennent part.

Commentaires des participants à nos ateliers

«L'atelier fut pour moi une sorte de 'terrasse' dans la vie d'où l'on regarde d'où l'on vient avant de se remettre en marche vers une nouvelle étape.» (Une enseignante)

«L'absence totale de tout esprit de jugement m'a permis d'être très libre». (Une mère au foyer)

«Fantastique, ce petit coup de pied nécessaire pour pouvoir lâcher et reprendre son vol de ce nid d'aigle merveilleux qu'est le chalet de la Bréona». (Architecte paysagiste)

«Mon immense gratitude aux animateurs pour cette semaine hors du temps mais bien au centre de mes préoccupations, et si magistralement orchestrée avec autant de talent que de cœur». (Cadre indépendant, relations publiques)

«Ce fut pour moi une expérience si extraordinaire que je ne l'oublierai jamais. Cela m'a révélé des choses que j'espère améliorer dans l'avenir. Je tiens à vous remercier pour cette si belle journée.» (Une artiste peintre)

«Merci pour ce merveilleux week-end qui m'aide à avoir un autre regard sur moi-même et ainsi sur les autres. Merci d'avoir donné la possibilité à un groupe de dix personnes d'échanger des émotions fortes sans être jugé, culpabilisé, ou se voir imposer des 'solutions miracles'». (Educateur auprès de personnes handicapées)

Si vous désirez plus d'informations sur nos ateliers, découpez ici et envoyez-nous le talon. Vous recevrez notre dépliant gratuit:

✂--

Prière de m'envoyer votre dépliant sur vos ateliers:

Nom

Prénom

Adresse

N° postal Ville

Pays

Envoyer à:
VIVRE AUTREMENT
3, bd James Fazy · 1201 Genève, Suisse
Téléphone et Fax (+4122) 731 88 39

Achevé d'imprimer en août 1996
sur presse CAMERON
par Bussière Camedan Imprimeries
à Saint-Amand-Montrond (Cher)

Dépôt légal : août 1996.
N° d'impression : 1/1816.

Imprimé en France